君が代の歴史

山田孝雄

講談社学術文庫

序

近頃「君が代は」の歌に就いて種々(しゅじゅ)の議論が行われている様子である。或は民主主義に反するとか、或は元は恋の歌だとかいろいろいわれているということを友人長岡弥一郎(やいちろう)氏から聞いたが、それらの説どもを聴きただすと、いずれも勝手な想像を逞くして、根拠の無いことを言い触らしている有様である。かような軽薄な言論は或は今の時世の風潮かも知らぬが苦々しい極みである。ここにその長岡氏の問に応じて一往の事を述べたが、更に根本に溯り、又下りて沿革を捜りたるによりて、それらの調査を一括して後来の参考に供することとして茲(ここ)にこの小冊子を綴る。

昭和三十年八月一日　　　　山田孝雄

目次

君が代の歴史

一　初見

先ず「君が代は」の歌の文献の上に最初にあらわれたのは何時からかというに、古今和歌集に見ゆるのが最も古いとせられている。この集は醍醐天皇の勅を奉わって、紀貫之、紀友則、凡河内躬恒、壬生忠岑の四人が清撰して延喜五年四月十八日に上ったものであるから、昭和三十年よりかぞえて千五十年前に出来たものである。集めた歌は千百余首、二十巻に分ち、之を春、夏、秋、冬、賀、離別、羇旅、物名、恋、雑、雑体、大歌所御歌、東歌等の目を立てて分類彙集してある。かくしてその巻七、賀歌の部のはじめに

題しらす　　　読人しらす

と標して

我君は千世に八千世にさゝれ石の巌となりて苔のむすまで

という歌を載せてある。之が今いう「君が代は」の歌の古い形だといわれている。しかし、

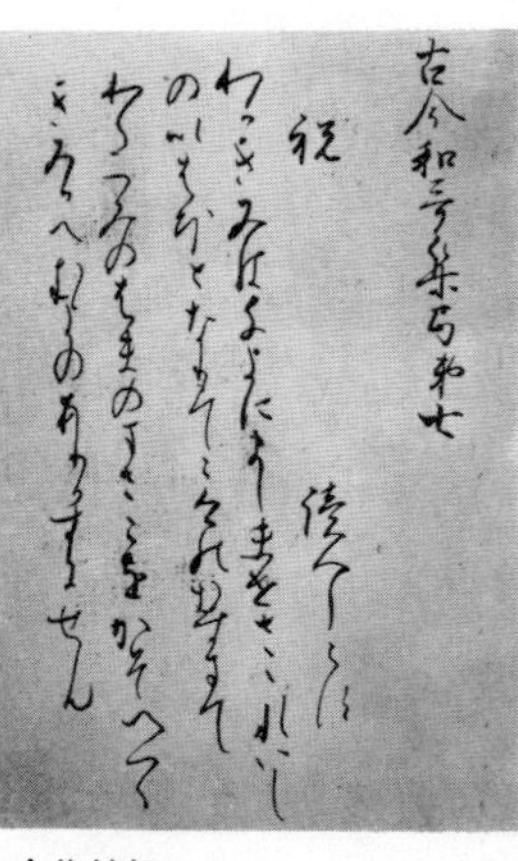

古今集筋切

古今集伊達家本

古今和歌集には古くから種々の伝本があって歌の形も往々差異が生じている。即ち上の歌も

我君は千世にましませさゝれ石の巌となりて苔のむすまで

となっている本もある。即ち第二句が

千世に八千世に　流布本、了佐切、俊成本、伊達家本、公任古今集注等

千世にましませ　今城切、元永本、筋切、清輔本等

と二様になっている。流布本というのは貞応二年七月二十二日書写の藤原定家(ていか)の奥書ある本の系統に属するもので世上一般に行われているものである。

さて又藤原教長(のりなが)の著した古今集注にはその序の注にこの歌を引いて（本文は所々を注したので、巻七の賀歌の部のこの歌を注していない）あってそれは

ワカキミハチヨニ丆シ丆セサヽレイシノイハヲトナリテコケム爪丆テニ

となっているので、第五句が「こけむすまでに」となっている。藤原雅経(まさつね)の筆と伝えられている今城切(いまきぎれ)の歌もやはりこの古今集注の歌と同じである。なおこのような形の歌は後にいうように朗詠集の或る本にもある。

以上を通じて見るとこの歌は古今和歌集では本により

我君は千世に八千世に、さゝれ石のいはほとなりてこけのむすまで。
我君は千世にましませ、さゝれ石のいはほとなりてこけのむすまで。
我君は千世にましませ、さゝれ石のいはほとなりてこけむすまでに。

の三様になって伝わっているわけである。これらのうちいずれが本とすべきものであろう

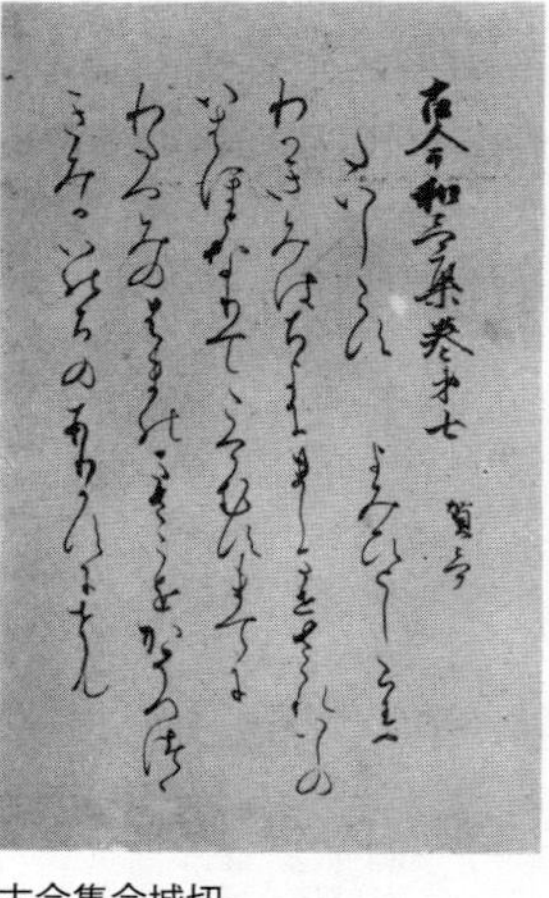

古今集今城切

か、遽かにはいい難い点もある。下に自然にそれに論及するであろう。

古今集に次いで之を載せているのは紀貫之が同じく醍醐天皇の勅を奉りて古今集を一層清撰した新撰和歌集である。之は紀貫之がそれを献らぬ間に天皇が崩御あらせられ又その勅命を伝え宣した中納言藤原兼輔もまた薨じてしまった為に献ることが出来なかったが、その本は序文と共に今に伝わっている。その歌数は三百六十首で、それの賀の部のはじめに

我か君は千世にやちよにさゝれ石の巌となりて苔のむすまて

という形で載せてある。

次には天慶八年十月に壬生忠岑の撰した和歌体十種である。その神妙体の例歌五首の第一に

わかきみはちよにましませさゝれしのいはほとなりてこけのむすまで

とある。「さゝれし」は「さゞれ石」の約である。これより後、藤原公任の頃の歌人源道済にも亦和歌十体という著がある。之は忠岑の撰を略取したものと思わるるが、それの「神妙」にも同じくこの歌をとっている。

古今和歌六帖は（紀氏六帖ともいい、貫之の女の撰とも具平親王の撰ともいうが、確証はない）その著者は明かで無いが、恐らくは後撰和歌集以後、拾遺和歌集の頃に出来たものかと考えられている。この書の巻四「いはひ」の初にも載せてある。それは

我か君はちよにましませさゝれ石のいはほとなりて苔のむすまで

という形である。

一条天皇の朝に四納言といわれたうちの第一人者大納言藤原公任の著した和漢朗詠集というものがある。之は上下二巻で朗詠するに足るべき詩文の句及び和歌を集め録したものである。その上巻は春夏秋冬に分け、下巻は雑部として、いずれも細目にわけて、詩文の句と和歌とを掲げてある。その下巻の祝の部には

嘉辰令月歓無極　万歳千秋楽未央
長生殿裏春秋富　不老門前日月遅
わかきみはちよにやちよにさゝれ石のいはほとなりて苔のむすまて
よろつ世とみかさの山そよはふなるあめか下こそたのしかるらし

の如く漢詩の句二首、和歌二首を併せてあげてある。一般に朗詠集にあげたものは、当時既に朗詠という一種の声楽に用いられたものがその内に加えられてあり又さなくとも朗詠とすべき価値ありと信ぜられたものでありこれより後に朗詠として実演せられたものが少く無い。随(したが)って、かように朗詠集に載録せられたものは後世の歌謡に及ぼした影響の少く無いものであるから、この歌がここに載録せられたことは「君が代」の生命の上には注目すべき事柄である。しかしながら、それは公任が載録したことによって生命が後に伝わったというべきものでは無くその永い生命力が内在していたから公任が載録せずにはいられなかったものであると判定しなければならぬものであろう。

朗詠集に載録せられたのは上の如く「わかきみはちよにやちよに」の形である。しかし、朗詠集にもいろいろの伝本があり、世尊寺行尹(ゆきただ)本等には

わかきみはちよにましませ、さゝれいしのいはほとなりてこけのむすまて

となっている。又御物の雲紙本や関戸氏蔵の行成（ゆきなり）本には

　　わかきみはちよにましませ、さゝれいしのいはほとなりてこけむすまでに

となっている。上の如く三様のあることは古今集と同様である。なお今の流布板本の朗詠集には初句「君が代は」とあるけれども、古写本は大体右の通り「我君は」である。

公任には又深窓秘抄という著がある。之は著者がすぐれた歌と認めた古今の歌を百一首集め録したものであるが、それの最後即ち百一首めにこの歌を載せてある。それは

　　わかきみはちよにや千代にさゝれいしの
　　いはほとなりてこけの無数左右（むすまで）

となっている。

以上あげたようにこの歌は本によっていろいろの形になっているが、古くは皆初句は「我か君は」とある。第二句は「千代に八千

和漢朗詠集行成筆

代に」というのと「千代にましませ」というのとの二様になってい、又末句は「こけのむすまで」と「こけむすまでに」と二様になっている。かくの如くにして三様の姿をあらわしている。どちらが元であるかは容易にいわれないようである。しかし、第二句が「千代にましませ」第五句が「こけむすまでに」というのは平安朝時代のものだけで、その以後にはそういう例は見えぬ様である。

二　首句を「君が代」とした歌

首句を「君か代は」としたのは何時頃からであるか。江戸時代に版になった普通の和漢朗詠集は大抵「君が代は」となっているから、通例「君が代は」としたのは和漢朗詠集にはじまるというようにいわれている。しかしながら、古写本の朗詠集は上にいうように大抵「わが君は」である。版本でも延文元年七月廿日の奥書ある尊円親王筆の本を正保五年に版にした本、慶安元年版建部伝内筆の刻本、承応二年版松花堂筆の刻本、又延宝二年版本、元禄己巳版本等皆同じである。然るに出雲路敬和氏著古楽の真髄の附録にある「君が代」の説によると、白鶴帖に載する朗詠集の断簡には「君が代は」とある由でありそれは平安朝を下らぬものであるという。又安貞二年蕤賓中旬の奥書ある宮内省本古写本も「きみかよ」となっていることは世に知られている。伝藤原定頼筆和漢朗詠集山城切解説によると、古梓堂文庫所蔵古鈔本には「君が代は」とあるそうである。この古梓堂の本は「奥書を有しないが、鎌倉末期と思しい古鈔本である」そうである。白鶴帖や古梓堂本は私は実地に見ていず、又写真も見ないのであるが、信じてよいと思う。そうすると少くとも鎌倉時代には朗詠集の或る伝本には「君が代は」とした形があらわれたと見ねばならぬ。

之より後朗詠する場合は皆「君が代は」であったらしい。文安五年書写の朗詠九十首抄の巻首に「和歌披講譜」と題して

きみか代は千よにやちよにさされいしのいはほとなりてこけのむすまて

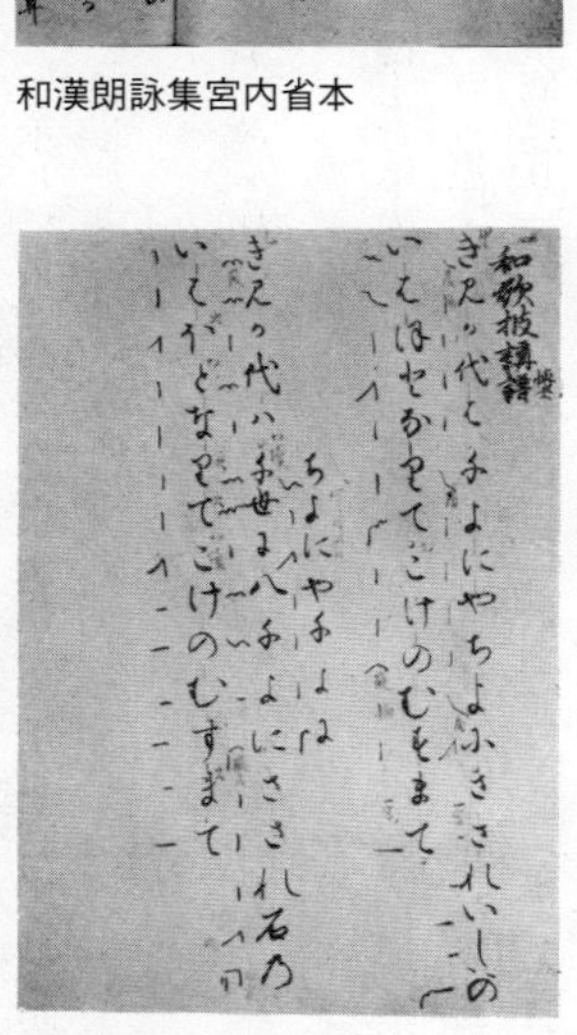

和漢朗詠集宮内省本

朗詠九十首抄巻首

の歌を甲乙二首に博士を加えて示してある。又天文十七年書写の梁塵秘抄と題する神楽譜、催馬楽譜、東遊譜、歌披講を記した書にはその披講の例歌として

きみか代は千世にやちよにさゝれいしのいはほとなりてこけのむすまで

をあげ、同じく甲乙二音の博士と箏の手とを加えて示してある。享保八年の楽説紀聞にある和歌披講の譜も同様である。又享保十八年書写の朗詠と題する写本には「嘉辰令月」「東岸西岸ノ柳」「徳ハ是北辰」「二星適逢リ」の朗詠の外に水白拍子、今様、雑芸を載せ、最後に倭歌披譜（講の誤）博士と題して同じく「君が代は」の歌を甲乙二音に博士を加えて示してある。以上四種は和歌披講の譜を示すのを主眼としたものであろうが、その例歌としては皆「君が代は」を採っている。之はその歌が最も広く何人にも知られ用いられたからであろう。

以上述べたものはすべて和漢朗詠集又は朗詠披講の例に限られている。そうすると、首句を「君が代は」とするのは朗詠に限るのであろうか。

三　首句が「君が代」となった時代

ここに鎌倉時代の初に天台座主であった慈円僧正（嘉禄元年歿年七十一、諡慈鎮和尚）

の拾玉集（しゅうぎょくしゅう）がある。その巻六に

詠百首和歌　以二古今一為二其題目一

と標した和歌百首を載せてある。それは先（ま）ず「春廿首」のはじめに

　年のうちに春は来にけりひとゝせをこそとやいはんことしとやいはん

雪の中に春は来にけり吉野山雪とやいはん霞とやいはん

の様に古今集の歌を題として、それに基づいて、詠じたもので、その詞をとり、その想をとりしたのであるが、その夏以下の題には古今集の歌の上句だけを書いて下句を略してある。即ち夏十五首のはじめには

　わかやとの池の藤浪咲にけり（下句「山時鳥いつか来鳴かん」を略す）

なつにさく池の藤浪色に出て山郭公（やまほととぎす）鳴をまつかな

の如く書いてある。さてその祝五首のはじめには

拾玉集巻六（詠百首和歌）

君か代は千世にやちよにさゝれ石の
さゝれ石の苔むす岩と成てまた雲かゝるまて君そみるへき

とあるのである。ここに我々が注意を牽くのはその題に「君が代は千世にやちよにさゝれ石の」とある点である。今之を見ると慈鎮和尚のいう所の古今集の賀のはじめの歌は

君が代は千世にやちよにさされ石のいはほとなりて苔のむすまで

というのであったということになる。然るに我々が今日見る所の古今集、多くの古写本、又版本皆「我か君は」とあり、一も「君が代は」としたものを見ない。しかしながら拾玉集のこの文を誤写と断定することが出来ぬから、やはり鎌倉時代の初頃から「君が代は」となっていた本もあったろうと想像しなければなるまい。

今、若し、上の想像が単なる想像で無く実地に存した事実だとしたら、どうして、そう変

ったかを一往考えて見るべきでは無かろうか。拾遺集巻五賀の部に

　清慎公五十賀し侍りける時の屛風に

君か世を何に譬へむさゝれ石の巌とならむ程もあかねば

元輔

という歌がある。ここに「さゝれ石の巌とならむ」とあるのは上の「我君は千代に八千代にさざれ石の巌となりて苔のむすまで」に基礎を置いたものであることは明白である。ただここで問題になるのは元の歌に「君が代は」とあったのによってこの歌が生じたのか、元の歌に「我が君は」とあったのでその元歌のまま「我君は」というては意味が通じなくなるから「我が君は千世に八千世に」とあったのを約めて「君が世を云々」としたものであるかということである。元の歌が「君が代は」であったのなら、それは慈鎮和尚の拠った古今集と同じということになるが、そうでなく「我が君は」であったとすれば、今のこの元輔の歌などが反映して逆に「君が代は」という形がこれらから生じたということも考えられぬ訳でも無いが、しかしながらそれらは臆測に止まる。とにかくに古今集にも「君が代は」とした本があったことは拾玉集に拠って推量せられねばならぬ。

なお以上の如く元輔の歌のみを考うることなくして更に考えて見ると「君が代」という語は古今集に一首、巻二十、大歌所御歌に

君か代は限りもあらし長浜の真砂の数はよみ尽すとも

後撰集巻十九、離別に

甲斐へまかりける人に遣はしける　　伊　勢

君か代はつるの郡にあえてきね定めなき世の疑もなく

拾遺集巻五、賀に

題しらす　　よみ人しらす

君か代は天の羽衣稀にきてなつともつきぬ岩ほならなむ

というのがある。これより後「君が代」という言の歌が次第に多く見えてくる。それを勅撰集の面で見ると、後拾遺集巻七、賀に

題しらす　　読人しらす

君か世は限りもあらしはま椿二たひ色はあらたまるとも

或人云この歌七夜に中納言定頼がよめる

三条院みこの宮と申しける時帯刀（たちはき）の陣の歌合によめる　大江嘉言（よしとき）

君か代は千代に一たひゐる塵の白雲かゝる山となるまで

承暦二年内裏の歌合に詠侍りける　民部卿経信（みんぶきょうつねのぶ）

君か代はつきしとそ思ふ神風や御裳濯河のすまむ限りは

おなじ歌合（永承四年内裏歌合）によめる　式部大輔資業（しきぶのたゆうすけなり）

君かよは白玉椿八千代ともなにゝ数へむかきりなけれは

とあり、金葉集巻五、賀に

百首の歌の中に祝の心をよめる　源俊頼朝臣（としよりあそん）

君か代は松の上葉におく露の積りて四方（よも）の海となるまで

祝の心をよめる　大納言経信

君か代の程をはしらて住吉の松をひさしと思ひけるかな

後一条院の御時（おおんとき）弘徽殿の女御の歌合に祝の心をよめる　永成法師

君か代は末の松山はる〳〵とこす白浪のかすもしられす

題しらす　藤原道経(みちつね)

君か代はいく万代かかさぬへきいつぬき川のつるの毛衣

宇治前太政大臣の家の歌合に祝の心をよめる　中納言通俊(みちとし)

君か代は天つ児屋根の命より祝ひそ初し久しかれとは

君か代はくもりもあらし三笠山
みねに朝日のさゝむ限は（詞花集ニモノス）　大蔵卿匡房(まさふさ)

祝の心をよめる　源　忠季(ただすえ)

君か代は富のを川の水すみて千年をふ共絶しとそ思ふ

実行(さねゆき)卿の家の歌合に祝の心をよめる　藤原為忠(ためただ)

瑞かきの久しかるへき君か代を天照神やそらにしるらむ

前の中宮始めて内へまゐらせ給ける夜雪のふりて侍りけれは
六条右大臣の許(もと)へ遣はしける　宇治前太政大臣

雪つもる年のしるしにいとゝしく千年の松の花さくそみる

つもるへし雪積るへし君か代は松の花さく千度みるまて　六条右大臣

詞花集巻五、賀には

一条院上東門院に行幸せさせ給ひけるに　入道前太政大臣
君か代にあふ隈川の底清み千年をへつゝすまむとそ思ふ
長元八年宇治前太政大臣の家の歌合によめる　能因法師（のういん）
君か代は白雲かゝる筑波嶺の峰のつゝきの海となるまで
後三条院の住吉まうてによめる　読人しらす
君か代の久しかるへきためしにや神も植ゑけむ住吉の松

千載集巻十、賀には

祝の心をよみ侍りける　大宮前太政大臣
君か代は天のかこ山出つる日のてらむ限は尽しとそ思ふ
祝の心をよめる　藤原基俊（もととし）
奥山のやつをの椿君か世にいくたひ蔭をかへむとすらむ
保延二年法金剛院に行幸ありて菊契多秋といへる心を
よみ侍りける　法性寺入道前太政大臣
君か代を長月にしも白菊の咲くや千歳のしるしなるらむ
八重菊の匂にしるし君か世はちとせの秋を重ぬへしとは　花園左大臣

俊綱の朝臣さぬきの守にまかりける時祝の心をよめる　藤原孝善

君か代にくらへていはゝ松山の松の葉数はすくなかりけり

平治元年大嘗会悠紀方の風俗歌、近江国千坂の森をよめる　参議俊憲

君か代の数にはしかし限なき千坂の浦のまさこなりとも

高倉院の御時仁安三年大嘗会悠紀方の御屏風の歌　宮内卿永範

霜ふれとさかえこそませ君か世に逢坂山のせきのすき村

新古今集七、賀にては

祐子内親王の家にて桜を　土御門右大臣師房

君か代にあふへき春の多けれは散るとも桜あくまてそみむ

堀河院の大嘗会の御禊日頃雨ふりて其日になりて空晴れて侍りけれは紀伊典侍に申しける　六条右大臣

君か代の千歳の数もかくれなくくもらぬ空の光にそ見る

承暦二年内裏の歌合に祝の心をよみ侍りける　前中納言匡房

君か代は久しかるへし度会や五十鈴の川の流れ絶えせて

二条院の御時花有喜色といふ心を人々つかうまつりけるに　刑部卿範兼

君か世にあへるは誰も嬉しきを花は色にも出てにける哉

祝の心をよみ侍りける　　泉太后宮大夫俊成(としなり)

君か代は千代共さゝし天の戸やいつる月日の限なければ

和歌所の開闔(かいこう)になりて始めてまゐりし日奏し侍りし　　源　家長

藻汐草かくともつきし君か代の数によみおくわかの浦浪

百首の歌よみ侍りけるに　　後徳大寺左大臣

八百日ゆく浜の真砂を君か代のかすにとらなむ沖つ島守

以上は慈鎮和尚の頃までの勅撰集の賀の部にある「君か代」とよんだ歌である。上のように「君が代」ということが盛んに用いられたので、それにつれて慈鎮の拠った古今集が初句を「君が代」とすることになったものとも考えられぬことも無い。かくの如くにして和漢朗詠集の祝の部の歌も専ら(もっぱ)「君が代は」ということになったのでもあろう。

新続古今集七、賀部に

正治二年百首の歌奉りける時　　式子内親王

君が代はちくまの河のさゝれ石の苔むす岩となりつくすまで

とある。これも「君が代は」の歌に拠ったものであることは著しい。これは慈鎮よりも時代が少し早いか、むしろ同時代と見るべきであろう。これはこの頃既に「君が代は」とかわっていた本があったのかも知れぬ。

四　第二句を「千代に八千代を」としたもの

ここに又室町時代のものに往々、第二句の「千代に八千代に。」を「千代に八千代を。」としたものが見ゆる。例えば曾我(そが)物語巻六の「五郎大磯へ行きし事」の条に

義秀ひやうしを打ちたてさせ
「君が代は千代に八千代をさゞれ石の」としぼりあげて「いはほとなりて苔のむすまで」と短く舞うてをさめけり。

とあるし、結城戦場物語に春王安王(はるおうやすおう)の捕えられたる後、首の座に直らんとするに当り、その前夜別(わかれ)を惜み舞をまうた時の事を叙して

「君か代は千代に八千代をさされ石の」と舞たまひければ

とあるのも謡曲「春栄」に春栄が祝言として舞う時の「シテ」の謡うを叙して

「千代に八千代をさゝれ石の」いはふ心は万歳楽

とあり、又「呉服（くれは）」に後ジテの謡う詞として

君が代は天の羽衣稀にきて撫づともつきぬ巌ならなん、千代に八千代を松の葉のちり失せずして色は猶、まさきのかづら長き代のためしにひくや綾の紋

とあるのも、皆同様のものであろう。

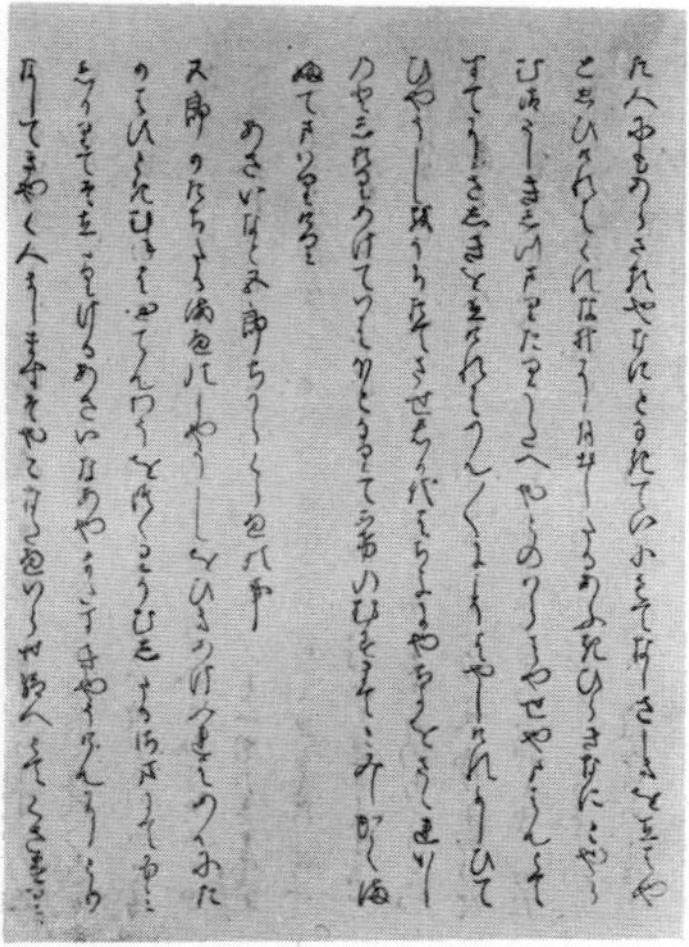

曾我物語（古活字本）巻六（五郎大磯へ行きし事）

江戸時代に至っても同じ事が散

見する。先ず古浄瑠璃では「頼光あとめろん」第四に

「きみが代は千代にや千代をさゝれいし」としうげんうたひ立ければ

とあり、近松半二等の妹背山婦女庭訓第二に

八重九重の内までも治まりなびく君が代の千代に八千代をさされ石の祝ひ寿ぎ申にぞ甚
叡感おはしまし

とあるのも同じである。

以上の多くは或る句を省いてあるが、その全き一首を示したものは曾我物語の外にもある。松永貞徳の戴恩記の巻末に加えたものは

わか君はちよにやちよをさゝれ石のいはほとなりてこけのむすまで

とあり、首句を古今集に同じくしてあるが、第二句の末が「を」となっている。

なおこの外に、別の形をとったものがある。それは「うらみの介のさうし」に

あやめ殿かれうびんがの御声にて当世はやりけるりうたつぶしと思しくてぎんじ玉ひけるは

君が代は千代に八千代をかさねつゝいはほとなりて苔のむすまで

とある。之によると、隆達節（りゅうたつぶし）がかように第三句を「かさねつゝ」としたと見ゆるけれども、隆達自筆の小歌は今日にも数々伝わっているが、いずれも「千代に八千代にさゝれ石の」となっていて、このような形のものは一つも無い。之は「八千代を」と云ったから自然「重ねつつというべき語路」である為におのずから、かくなったものであろう。

第二句を「千代に八千代を」としたのは曾我物語、結城戦場物語から、謡曲、浄瑠璃、それから小歌に及んでいることは上に述べた所であるが、謡曲や浄瑠璃がすべてそうであるのでは無い。謡曲でいうならば、老松（おいまつ）の急の段に

是は老木（おいき）の神松の千代に八千代にさゞれ石の巌となりて苔のむすまで

とあり、弓八幡（やわた）の破の前段にシテが

君が代は千代に八千代にさゞれ石の巌となりて苔のむす云々

と謡う。これらは皆「八千代に」という形によったものである。浄瑠璃では近松の花山院后諍の第五の終の辺の今様の舞のことを叙して

竹の園生の末かけてめでたき御代の例にも引くや子の日の姫小松、千代に八千代にさゝれ石のいはほとなりて苔のむすまで、万歳楽と呼ばふなるつると亀との齢をば重ね重ぬる舞の袖

とあるのは「君が代は」の首句は略してあるが、次は「千代に八千代に」とある。又源氏烏帽子折の第五の初の文は

君が代は千代に八千代に栄えますとよはた雲や伊豆の国蛭が小島におはします右兵衛の佐頼朝は云々

とあるは「さざれ石」以下を略したものである。又兼好法師物見車の上の絵馬の話の所に

鬼界高麗百済国のあらき夷を攻滅してかへる君が代千代に八千代にいはほに弓をおっとりのべて云々

とあるは「いはほ」ということを導き且つ祝賀の意を寓したものであるが「千代に八千代に」という歌に拠ったものである。

近松以外の浄瑠璃でも同様である。金屋金五郎後日雛形の初めの部に

「千代に八千代にさゝれ石の巌となりて苔のむす迄〳〵」と皆同音に和歌をあげ云々

とあり、苅萱桑門筑紫轢第四の道行越後獅子に

逃げてのかはの観世音歩みながらに遥拝し齢を祈る松島や千代に八千代にさゞれ岩出を跡になし云々

とある。之は「齢を祈る」と云ったからこの歌を引き用いたのであるが、「岩出」という地名を導く為に利用したもので、「いはほ」という語を「いはで」にかけ詞にしたのである。
又神霊矢口渡の第二に

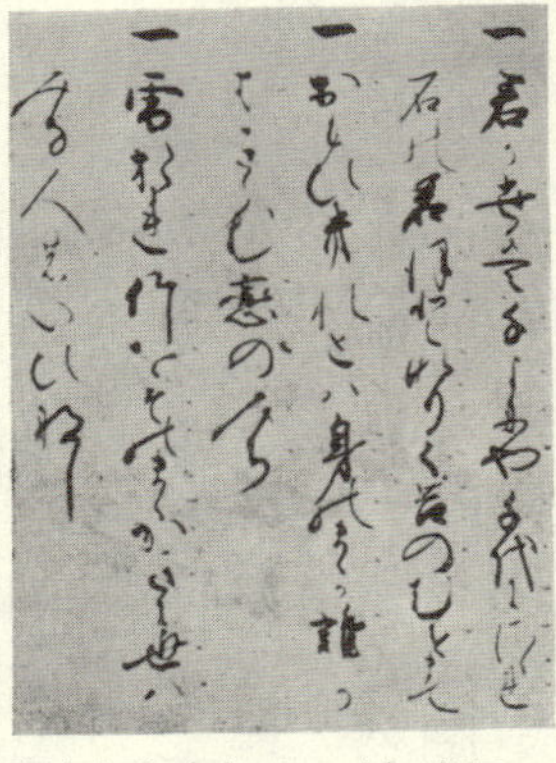

隆達小歌（ボストン本）巻頭

隆達小歌（ボストン本）奥書

運の月形鎌倉武士、三国一の高名も時に大島長門が妻お浪といへど、浪風も治まる武功、君が代は千代に八千代にさゞれ石巌の上の釣竿は軍の先生名も高き太公望といふ人かと云々

とある。これら皆「八千代に」と唱えたことを明かに示している。

上に引いた「うらみの介のさうし」には

当世はやりけるりうたつぶしとおぼしくてぎんじ玉ひけるは

とあるから上にあげた「八千代をかさねつゝ」というのは隆達節の小歌として謡ったものであろうが、上にも述べた通り隆達の自筆若くはそれの写本として伝うる十一種の本について高野辰之博士の精査したその結果を見れば皆

君が代は千代に八千代にさゝれ石の巌となりて苔のむすまで

とある。而して同氏はその著日本歌謡史、日本歌謡集成に隆達自筆のボストン博物館蔵の本、高野氏蔵の隆達自筆の小歌三百首の写真を掲げてあるが、三百首本の首は

君が代は千世にやち代にさゝれ石の岩尾となりて苔のむすまて

となっている。ここに「巌」が「岩尾」となっているのは当時「いはお」と発音したので、その発音の通りに書いたものであろう。この外編笠節と唱うる小歌の集の巻頭にも隆達の小歌と同じ形のこの歌が掲げてある。

以上の外箏唄では竹生島、鶴の巣籠、難波獅子等の曲にも、長唄の老松の曲でも、常磐津の子宝三番叟の曲でも、河東節の松竹梅の曲でも、一中節の老松の曲でも皆「千代に八千代

に」という形の歌を用いている。

五　種々の形とその源委

以上縷々述べたようにこの歌は

一　我か君はちよにましませさゝれ石のいはほとなりて苔のむすまて
（古今集古写本、和歌体十種、古今和歌六帖、朗詠集古写本等）

二　わかきみはちよにましませさゝれ石のいはほとなりてこけむすまてに
（古今集今城切、関戸氏行成筆朗詠集、教長古今集注）

三　我か君はちよにやちよにさゝれ石のいはほとなりて苔のむすまて
（古今集流布本、同古写本、新撰和歌、朗詠集古写本、深窓秘抄等）

四　君か代はちよにやちよにさゝれ石のいはほとなりて苔のむすまて
（朗詠集流布本、拾玉集朗詠九十首抄、天文本梁塵秘抄等又謡曲隆達小歌、箏曲等）

五　君か代はちよにやちよをさゝれ石のいはほとなりて苔のむすまて
（曾我物語、結城戦場物語、謡曲（春栄呉服）、浄瑠璃（頼光跡目論妹脊山婦女庭訓等）

六　わか君はちよにやちよをさゝれ石のいはほとなりて苔のむすまで（戴恩記）
七　君か代はちよにやちよをかさねつゝいはほとなりて苔のむすまで（うらみの介）

の七様になっているが、その第四の形は専ら広く行われて来たもので徳川時代でいえば多くの浄瑠璃、隆達節、編笠節等の小歌、箏唄、長唄、常磐津、河東節、一中節等に用いるものは大抵この形によっている。そうして、それが明治時代に至って、海軍の軍楽に用いられ学校の唱歌其他にも用いられやがて国歌として広く行われて今日に及んだものである。

以上の如くいろいろの形になっているうちいずれが本来のもので、いずれが変化したものかを考えて見ねばなるまい。

先ずその古いものは

三　我か君はちよにやちよにさゝれ石のいはほとなりて苔のむすまで
一　我か君はちよにましませさゝれ石のいはほとなりて苔のむすまで
二　わか君はちよにましませさゝれ石のいはほとなりてこけむすまでに

の三つである。この三つは首句は同一で意味も大体同じであるが、第二句に於いて一と二と同じで三は著しく異なるものである。又第五句に於いては一と三とが同じで二は稍異なるものである。「苔のむすまで」「苔むすまでに」はその「まで」という副助詞の下に格助詞「に」を加うるか否かの差である。この二の場合、その意味は略(ほぼ)同じであるが、その用例に新古の別があるかというに、かような場合に「まで」「までに」と両様に用いることは万葉集の頃から例のあるものである。

即ち巻十七の

三九一三　保登等芸須安不知能枝爾由吉底居者花波知良牟奈珠登見流麻泥（ホトトギスアフチノエダニユキテヰバハナハチラムナタマトミルマデ）

巻五の

八四四　伊母我陛邇由岐可母不流登弥流麻堤爾許許陀母麻我不烏梅能波奈可母（イモガヘニユキカモフルトミルマデニココダモマガフウメノハナカモ）

巻十五の

三七〇二　多可思吉能宇良未能毛美知和礼由伎弖可敝里久流末低知里許須奈由米（タカシキノウラミノモミヂワレユキテカヘリクルマデチリコスナユメ）

巻二十の

四四〇八　（上略）安里米具利和我久流麻泥爾多比良気久於夜波伊麻佐禰（アリメグリワガクルマデニタヒラケクオヤハイマサネ）（下略）

等を比較すればいずれも殆ど同時代に用いられて新古の別もつけかねる様である。「コケムスマデニ」というのは万葉集に例が少く無い。先(ま)ず巻二の

三八　妹之名者千代爾将流姫島之子松之末爾蘿生万代爾（イモガナハチヨニナガレムヒメシマノコマツガウレニコケムスマデニ）をはじめ「鉾椙之本爾薛生左右二（ホコスギノモトニコケムスマデニ）」（巻三、二五九）「阿倍橘乃蘿生左右（アヘタチバナノコケムスマデニ）」（巻十一、二七五〇）その他（巻十三、三二二七、三二二八）等にその例があって、「コケノムスマデ」という例は万葉には見えぬ。しかし、それだからと云って、この歌の場合に万葉を楯に取って新古を論定しようとするのは早計であろうから、今ここでは姑（しばら）く二者の一を古い歌の形だということは避けていずれを古いとも定め難いものとして措くこととする。

しかしながら第二句を「ちよにやちよに」としたのと「ちよにましませ」としたのとはその形に於いて著しく違うので、この二者には新古の差別が考えられなければならぬものである。元来この歌の構成は二段落であって三の歌では

我が君はちよにやちよに（第一段）
さされ石のいはほとなりてこけのむすまで（第二段）

となるのである。而（しか）して、第一段の末には省略があり、第二段の末にも省略がある。若（も）しこれらに省略が無いものとすれば、この歌は片言となりて、歌としては成立せぬものといわね

ばならぬ。若し、私の言うことを疑うならば、「ちよにやちよに」から、どこに言がつづくか考えて見るがよい。そこから「さざれ石の云々」につづく道理が無い。さて又「さされ石のいはほとなりてこけのむすまで」も亦下につづくべき語勢であるのに、ここにも下にそれを受くるに該当する語が無いのである。かくして考えて見るに、かように二段落の歌で、各段落いずれも下に省略ある歌というものは合理的に物を考えた時に全く訳のわからぬものといわねばならなくなる。次に一の歌では

わか君はちよにましませ（第一段）

さゝれ石のいはほとなりてこけのむすまて（第二段）

となる。同じく二段落ながら、この形に於いては第一段の末は「ましませ」とありて意義が完了している故に、三の歌の如き片言になっていない。而して第二段の末は「こけのむすまで」であるから、ここには三の歌と同じく省略がある。その省略せられた語は蓋し、第一段の末と同じく「ましませ」であろう。しかも、この第二段には主格も無い。そこでその主格を補いて完全な形とするときは

（わか君は）さゝれ石のいはほとなりてこけのむすまで（ましませ）

となるべきものであろう。即ち、この第一段の意味を繰り返して、第一段に「千代に」と抽象的に云ったのを「さされ石のいはほとなりて苔のむすまで」と具体的の事柄で示したものである。それ故に、主格の「わか君は」と述格の「ましませ」を第一段に示されてあるに任せて、ここには省いて、その意味をあらわすと共に具体的に力強き表現としたものであろう。

さて、上の如くに考えて来ると、

我か君はちよにましませ
さゝれ石のいはほとなりて苔のむすまで

という方が、形の整った歌であり、その表現の上に無理の無いものだと認めねばならぬと同時に

我か君はちよにやちよに
さゝれ石のいはほとなりて苔のむすまで

というのは第一段の末に述格の省略があり、第二段の末にも亦述格の省略があり全体として述格が一つも見えぬという破格なものであることは歌として頗る異例のものである。それ故に素朴に単に或人の詠じた歌として見るときは必ず

我か君はちよにましませ
さゝれ石のいはほとなりて苔のむすまで

という形で無くては通じないであろう。そうして熟考するに、この歌は最初は上の如く「ましませ」という形で生じたものであろう。そうすれば、どうして「千代にやちよに」と云う変則な形が生じたのであろうか。

按ずるにその「ちよにましませ」という形の歌が盛んに行われて人口に膾炙すること久しくして、あまりに爛熟した結果、「ちよにましませ」ということの意味精神が人心に馴れ過ぎて、それにては感じも弱く、意味も生温く感ずるに至り、第二段の末に省略あることは誰も感じてある所であるから、それと同じ省略を第一段の末にもあるものとして「千代に」を一層強むる意味を以て「八千代に」を加えてその意味を深め、その精神を強調し得たとしたものであろう。かくして「千代に八千代に」の歌が成立したのであろうが、この歌はその語をたどりつつ組織を合理的に調べようとすれば頗る不完全な形の歌であることは上に述べた

所である。さように不完全な形でも盛んに用いられたのは之を伝誦する人々の間に合理的かどうかを問うよりも感情の強調を感じて共鳴する所が多大であったからであろう。かくして、この後には「ましませ」という形が無くなってしまった。それについてはなお下にいうことがあろう。

第四の

君が代はちよにやちよにさゝれ石のいはほとなりて苔のむすまで

は第二の形から発展して生じたものであろう。その第二の形の歌の首句「我か君は」を「君か代は」と改めた形であることは著しいのである。この形になった時代は上に略推定した所であるが、この形の生ずるにはその元の歌は第二句が「ちよにましませ」という形であってはならぬ。若し第二句が「ちよにましませ」であったら、首句を「君が代は」とすることは絶待に不可能である。「君が代は千代にましませ」ということはいわれぬ筈であるからである。それ故に第二句が「ちよにやちよに」という形に一定した後の時代になってはじめて首句を「君が代は」と変更し得たものだということは疑う余地の無いことであろう。

第五の

君が代はちよにやちよをさゝれ石のいはほとなりて苔のむすまで。

は第四の変形であることは著しい。而して第二句を「ちよにやちよを」とした時はその「を」という格助詞に対応する詞が無くてはならぬのに、下には全然それが無い。下の「さゝれ石のいはほとなりて苔のむすまで」という語では収まりがつかぬのである。仮りにその下に在るべき語が省略せられたと考えて見ても収まる所が無い。何となれば「を」という格助詞は下に処分する意の動詞を以て対応すべき性質のものであるからである。仮りにその語が省略せられて形を現さぬとしても、思想はその性質のもので無くてはならぬのである。然るにそういう思想は「苔のむすまで」の下に含まれてあるべくも無い。即ちここに「八千代を」とあるのは慣用久しきにつれて一般の人々がその合理性を問うこともなくなってしまった惰性によって生じた無意義の誂りだとすべきものであろう。

第六の

わか君はちよにやちよをさゝれ石のいはほとなりて苔のむすまで

は首句が古今集流布本の通りになっているのに、第二句の末が「やちよを」となっている。これは古今を通じてこの例一つである。しかも、これは名高い松永貞徳の書にあるのである。さて、これは首句が「君が代は」である時には「やちよを」では意味が徹(とお)らないけれど、「我が君は」である時には強いていえば、意味が徹らぬとはいわれぬようである。それは、第七に見るように「千代に八千代を重ね給へ」というべきを省略したのだというべき様である。しかし、これは強言といわねばならぬから、やはり誂りである。それにしても一代の宗匠ともいわるる貞徳がどうしてかような強言に似たことを行ったか、不思議なことである。之は或は貞徳は古今集の通りに

我か君は千代に八千代に。云々

と書いておいたのを後人が、当時流行の形に紛れ、深く考えずに「八千代を」としたのかも知れぬ。何としてもこれは誂誤で採るべきもので無い。

第七の

君が代はちよにやちよをかさねつゝいはほとなりて苔のむすまで

も誂誤である。第二句の末を「ちよにやちよを」をいう時に、その「を」助詞の導きによりて「重ねつゝ」となるのは自然の勢である。随(したが)ってそれはそれとして必ずしも語をなさぬと

はいわれぬ。しかしながら、そうした為に「さゝれ石の」という句が無くなって、その下の「いはほとなりて苔のむすまで」の語は全然意味が無くなってしまった。何が「いはほとなりて苔のむす」のであるか、正体の無い寝言のようなことになってしまっている。しかも、之は隆達節の小歌だという。隆達自筆の小歌の「君が代」は今我々の唱えているのと同じ形である。それ故にこれは隆達節の小歌そのままでなく、世俗に無意味に伝唱していた際に訛った形であったろう。

かように見て来ると、この歌の形の中心になるものは即ち今我々が国歌としている歌であって、それの訛誤が俗間に往々行われて来たこともあるということを見るのである。

六　この歌の本来の意味

ここに私はこの歌が何時から行われたものか、又本来どういう意味をもっている歌であるかということを考えて見よう。

この歌は既にいう通り、古今和歌集巻七、賀歌の部の最初に掲げてあって、

題しらす　　　　　よみ人しらす

と標してある。或人は之を恋の歌だというたそうであるが、何を考えているのか何とも了解し得ない事である。古今集には恋の部は巻十一から巻十五まで、五巻にわたり、三百六十首あげている。賀の部は一巻で、歌の数は二十二首に止まるものである。若し、恋の歌なら恋の部に収めてある筈である。賀の部に恋の歌を収めてあるなどは真に無稽の言といわねばならぬ。或は「君」という語が恋する女をさすというのならば、その事実を明証せねばならぬ責任がある。無責任の言は学者の屑しとする所ではあるまい。之は古今集のしかも賀の歌の第一にあって、しかも、その標本的のものでは無いか。恋の歌などということは古今集を読んだことのある人の想像も及ばぬ奇説である。

さてこの歌はどういう意味の歌であるか。本居宣長の古今集遠鏡はそれらの和歌を俗訳して初学者に端的にさとらしめたものであるが、この歌については次の如くに述べてある。

コマカイ石ガ大キナ岩ホニナツテ苔ノハエルマデ千年モ万年モ御繁昌デオイデナサレコチノ君ハ

というのである。ここに「我君は」をば「コチノ君ハ」と訳してある。之はこの「我君は」を以て、その祝賀を受ける人をさしたものであって、それが専ら天皇をさしたもので無いことを思わしむるものがある。「君」という語は厳密にいえば天皇をさすに限るということになろうが、この歌にいう「君」は祝賀を受ける人を誰でもさしているということを本居宣長は我々に教えている。しかし、これ一首だけではこの古今集での「君」の意は独断に陥るという嫌が無いでもあるまい。ここにその賀の部二十二首のうちに「君」と云う語を用いている所は如何なる意になっているかを顧みる。賀の部二十二首のうち「君」という語を用いたものは

三四三　我君は千世に八千世にさゝれ石の巌となりて苔のむすまで

三四四　わたつ海の浜の真砂を数へつゝ君か千年の有り数にせむ

三四五　塩の山さしての磯にすむ千鳥君か御代をはやちよとそ鳴く

三四六　我齢君かやちよにとりそへて留めおきては思ひてにせよ

仁和の御時僧正遍昭に七十賀たまひけるときの御歌

三四七　斯しつゝとにも斯にもなからへて君か八千代に逢ふ由もかな

もとやすのみこの七十賀のうしろの屏風によみてかきける　紀　貫之

三五二　春くれは宿にまつさく梅の花君か千歳のかさしとそ見る

三五三　古にありきあらすはしらねとも千年のためし君に始めむ　素性法師

三五四　ふして思ひおきて数ふる万世は神そしるらむ我君のため　素性法師

良峯のつねなりか四十賀にむすめにかはりてよみ侍りける　素性法師

三五六　万代をまつにそ君を祝ひつる千年の影にすまむと思へは

の九首である。これらのうち、さす所の明かで無く如何様にもとらるる所と天皇又は皇族をさし奉っている所とは今論ずることを要せぬから、その他のものを見る。三四七番は

仁和の御時僧正遍昭に七十賀たまひけるときの御歌
斯しつゝとにも斯にも長らへて君か八千代に逢ふ由もかな

これは光孝天皇が僧正遍昭に賜いたる御製であるのだが、遍昭の長寿であらんことを冀い賜い、「君が八千代にあふよしもがな」と仰せられたのである。そうしてこの御製は上にある「我が君は千代に八千代に」の歌を下に踏んで詠ぜられたものと思わるる。そうでなくて行きなり「君が八千代に」と仰せらるることはあるまいと思わるるのである。三五六番は良峯のつねなりの女にかわって詠んだ歌だという。その良峯のつねなりという人は史上に名の無い人であるから地下人か、さなくとも五位ぐらいに止まった人であろう。さような人に対しても君と云っている。そうすれば「我か君は」の歌はさような人に対しても不当とはいわれないであろう。即ち本居宣長の俗語訳は歌の真意をよく酌んでいるといわねばなるまい。

一体この古今集の賀歌はどういう意味を以て集録せられたものであろうか。香川景樹は古

さてそのかみより祝寿をのみ賀といひなれて賀歌といへば年賀の外ならず、世俗即ち然り。今も全部のこらず、祝寿の歌にて只終の一首春宮(とうぐう)の降誕をほぎ奉りてよめるのみ。さはいへ、是も雑部官位昇進など祝へるの類ならず、歌の意も宝算の永久をねぎ奉るの外に出ぬは上寿の方に属して巻軸におかれたるなり。さるに、此集の賀歌を後世の祝歌とひとしく意得しより公任卿も朗詠に我君はを君か世はとして入玉へり。我君の詞優ならずとおもひてなり云々

と云った。その朗詠集の歌の体についての説は必ずしも賛成しかぬるのであるが、それは姑(しばら)く措いて賀歌をば年寿を賀する意の歌だと云ったのは、正鵠を得ているであろう。古今集雑歌の中には正義にいう通りはっきり祝いの意を専(もっぱ)らに示したものが無いとはいわれないけれども、それらは賀の歌として取らなかった。この賀歌の部ではその詞書は十箇所あって、

三四七　仁和の御時僧正遍昭に七十賀たまひけるときの御歌

三四八　仁和帝のみこにおはしける時に御をばのやそぢの賀にしろかねを杖につくれりけるを見てかの御をばにかはりてよめる　僧正遍昭

三四九　堀河のおほいまうちぎみの四十賀九条の家にてしける時によめる　在原業平朝臣(ありわらのなりひらのあそん)

三五〇　さだときの皇子のをばのよそぢの賀を大井にてしける日よめる　紀これをか

三五一　さだやすのみこのきさいのみやの五十賀奉りける御屏風に桜の花のちる下に人の花見たるかたかけるをよめる　藤原興風(おきかぜ)

三五二　もとやすのみこの七十賀のうしろの屏風によみてかきける　紀　貫之

三五五　藤原三善が六十賀によみける　在原滋春

三五六　良峯のつねなりが四十賀にむすめにかはりてよみ侍りける　素性法師

三五七　内侍のかみの右大将藤原朝臣の四十賀しけるときに、四季の絵かけるうしろの屏風にかきたりけるうた

三五七　春　素　性
三五八　躬　恒
三五九　夏　友　則
三六〇　秋　躬　恒
三六一　忠　岑
三六二　是　則

三六三　冬　　　　　　　　　　　　　　　　　　　　　　貫　之

三六四　春宮の生れたまへりける時にまかりて　　典侍藤原よるかの朝臣

とあって、正義に論ずる通り最後の一首だけが春宮(とうぐう)降誕の御祝賀であり、他は皆次の通り

七十賀　(三四七、三五二)
八十賀　(三四八)
四十賀　(三四九、三五〇、三五六、三五七)
五十賀　(三五一)
六十賀　(三五五)

年寿を賀するものに限っている。そうして見ると、その他の詞書の無いもの四首もやはり年寿を賀する歌であるべく思わるる。ことに、三五一の屏風の歌(藤原興風)

徒(いたずら)にすくるつき日はおもほえて花見てくらす春そ少なき

三五七以下七首の屏風の歌、ことにその三五八躬恒の歌

山高み雲居に見ゆるさくら花心のゆきて折らぬ日そなき

三五九友則の歌

珍らしき声ならなくに時鳥こゝらの年をあかすもあるかな

三六〇躬恒の歌

すみの江の松を秋風ふくからに声うちそふるおきつ白浪

三六一の忠岑の歌

千鳥なくさほの川霧たちぬらし山の木の葉も色勝りゆく

三六二の是則の歌

秋くれと色もかはらぬときは山よその紅葉を風そかしける

三六三の貫之の歌

白雪のふりしく時はみ吉野のやました風に花そちりける

の七首はその歌自体は祝賀の意味をあらわしていない。然(しか)るに之を賀歌の部に収め録したのはそれを書いた屏風が賀の為に用いられたからであるに相違無い。之を以て推す時はこの部は年寿を賀する歌を収めたもので、最後の春宮誕生の賀の歌も春宮の春秋に富み給うを祝賀したものであるから加えたものであろう。

かくして考えて見ると、この「君が代は」の歌は一般の人々の年寿を賀する歌であり、而してそれは天皇皇族に限らぬものであったことは明かで、ここに至ってはどう考えても異論もあるべく思われぬ。

七　この歌の古さ

この歌は既にいう如く「よみ人しらず」の歌である。即ち古今和歌集編集の時に作者の知れぬ歌であったのである。「よみ人しらず」として勅撰集に載せてある歌には千載和歌集春上に載せた「故郷花」の歌をば作者平忠度が勅勘の身になったからその名を出すのを憚って「読人しらず」としたというような特例もある。又作者の身分が賤しいので名をしるさぬということもあったようであり、又真実に作者のわからぬ歌であったのもあった。いずれにしてもそれらは皆すぐれた歌であるが故に「読人しらず」としても採録した訳であろう。しかし古今和歌集に於いては上の場合よりも外の意味も加わっている。万葉集以後和歌の道が衰えて百年許、その間には撰集の事も行われなかった。古今和歌集はその百年間の衰を挽回する為の企（くわだて）であった。その空白、約百年の間、和歌は衰えたと云っても全く行われなかったのでは無く、その間に起った歌も少くは無かったのである。しかしながら、それらは多く作者の名を逸してしまっていたのである。古今和歌集にはそれらを収めて止むを得ず「読人知らず」としたのであった。それ故に古今集の「読人知らず」とあるのは主として、延喜以前の古歌で、作者の不明になっていたものである。それらの歌の多くはその歌調も古く、大体万葉調と古今調の中間に位するものと認めらるる。これらの事情を以て推すに、この「我が君は」の歌は古今和歌集編纂の時既に古歌として人口に膾炙（かいしゃ）していたものと思わるるのである。

古今集の真名序に

　陛下御宇于レ今九載、仁流二秋津洲之外一、恵茂二筑波山之陰一、淵変為レ瀬之声寂々閉レ口、砂長為レ巌之頌洋々満レ耳。

とある。この「砂長為巌之頌」というは即ち「我君は千代に八千代に」の下句「さゝれ石の巌となりて苔のむすまで」をとったものである。即ち仮名序は之に応じて

　今はあすか川の瀬になる恨も聞えず、さゝれ石のいはほとなるよろこびのみぞあるべ

き。

と云っているのである。さてその「淵変為瀬之声」とあるは仮名序に「あすか川の瀬になる恨」に当るもので、これも亦古今和歌集に載せてある古歌に基づくものである。その巻十八雑歌下の巻頭に

題しらす　　　　　　　　　　読人しらす

世中はなにか常なるあすか川昨日の淵そ今日は瀬になる

の歌をさしたものである。これも雑歌下の巻頭にあって賀歌の巻頭にある「我が君は」と相対映しているのである。古今和歌集雑歌の部は上下の二巻に分れているが、上巻は主として積極的楽観的の想の歌を集め録し、下巻は主として消極的悲観的な想の歌を集め録してある。その雑歌下の巻頭に掲げたこの歌は有為転変の世のはかなきを慨く意味をあらわしている。かくしてこの序文の意はさように世の有為転変を感じ慨くこと、又人々の万歳の寿をことほぐことは歌としていずれも古より伝わっているが今の御世は満ち足りた世で、さように飛鳥川の淵瀬の易りやすいという嘆をすべく感ずることは無くなり「千代に八千代にさゝれ石の巌となりて苔のむすまで」と互に祝賀を述べあう声が到る処に聞ゆるというのである。

これはもとより醍醐天皇の御治世を謳歌する精神に基づいての詞であるに相違無いが、この「我が君は」の歌を以てただ天皇の万歳を祝う意に止まるとするのは古今集の序の本意を十分に味うたものとはいわれぬ。

因(ちなみ)に云う。本朝続文粋(ほんちょうぞくもんずい)巻三、策に「詳和歌」に従四位下和歌博士紀朝臣貫成問に対して和歌得業生従七位上志摩目花園朝臣赤恒(以上二人の名は仮の名なり)の対策の文の中に

　千代亦千代平沙長而期二苔蒸之巌一、万歳復万歳飛塵積而生二雲懸之山一

とある、その前半はこの「君が代」の歌に依った文であるがこれは蓋(けだ)し、古今集の序に基づく所のものであろうからここに附載する。

さて、上の古今集の序文には飛鳥川の淵瀬定めないことの歌と「我が君は」の歌とを対照的に用いるが、この二首共に「題しらず」「読人知らず」でそれぞれ巻頭に載せてある。之を以て見ると、この二つの歌はいずれも古今集編纂の当時の作では無く、それよりも古くて、一般に人口に膾炙していたものであったろう。それだから之を用いて、有為転変の世相を嘆くと年寿を祝賀するとの意を表する標本のように用いたものであろう。そうして考えて見ると、「我が君は」の歌は万葉集までの古さはあるまいが、平安朝初期の頃に既に生じたものであったろうと思わるるのである。之は文献としては古今集を最古とするけれど、古今

集撰進以前から行われていたものであろうことは疑うべからざるものである。
なおその

我が君は千代に八千代にさゝれ石のいはほとなりて苔のむすまで

というのと

我が君は千代にましませさゝれ石のいはほとなりて苔のむすまで

というのとを比較すると既に論じた通り、「千代にましませ」という方が、はっきりしているかわりに趣が浅い。それ故に「千代に八千代に」の方が歌として意味が深いということは上にいう通りであるが、その新古を論ずれば「千代にましませ」の方が元で、「千代に八千代に」の方がそれを基にして一歩進めた形であろうということは之も上に述べた所である。然るに、「千代にましませ」という本と「千代に八千代に」という本とが並び存することはどうかと思うに、「千代にましませ」という古き形をそのまま伝えて来たものと、一歩進めた「千代に八千代に」をとったものと二様に伝わっていたものと見ねばならぬ。然らば「千代に八千代に」は何時頃のものかということも一往考えねばなるまい。

惟うに、これは二様に行われていたのをその「千代に八千代に」の方をとったのか、或は古今集撰者が「千代に八千代に」と変えてとったが為に二様になったのか大体この二つの場合が考えられてくる。

上にも引いたこの賀歌の部にある光孝天皇の僧正遍昭に賜わった御製に

斯しつゝとにも斯にも長らへて君か八千代に逢ふ由もかな

とある、その「君か八千代に逢ふ」という詞は何としてもこの「我か君は千代に八千代に」ということ若くはそれと似た歌が先行していなければならない有様のものである。又その歌の上にある

三四六　我か齢君かやちよにとり添へて留めおきては思ひ出にせよ

という場合の「君かやちよ」も同様である。それ故に、私はこの二つの歌共に「我か君は千代に八千代に云々」の歌を知っていて、それを基にして詠ぜられたものであるからそれらよりも古い時代に既に「千代に八千代に」という形になっていたものと思う。

光孝天皇の御製は僧正遍昭の七十賀に賜わったのである。遍昭は寛平二年に七十五歳で歿

した人であるから、その七十賀は光孝天皇の仁和元年（皇紀一五四五（八八五））である。さればこの「千代に八千代に」という形の歌は光孝天皇の御世のはじめに一般に行われていたと推定せらるるのである。随って「千代にましませ」というのはそれよりも更に古い時のものであろう。

八 「君が代」という語の意義

「我が君は云々」という場合の意味は既に述べた通り、それは誰人にもその人の寿を賀する場合にいうたものである。然(しか)らばその初句を「君が代は」としたのはその元の歌との間に意味の異同があるか、どうかという問題がある。

之は上に述べた様に、朗詠集には鎌倉時代に既にあらわれ、又拾玉集に引いた古今集にもあらわれているが、その「君が代」というのはその当時如何(いか)なる意味を示していたかを考えて見ねばならぬ。

「君が代」という語は万葉集に既にあらわれている。巻一、中皇命往于紀伊温泉之時作歌

一〇　君之(キミガ)歯(ヨ)母(モ)吾代(ワガヨ)毛(モ)所知哉(シラム)磐代乃(イハシロノ)岡之(ヲカノ)草根(クサネ)乎(ヲ)去来(イザ)結手名(ムスビテナ)

とあるのがその一、この「君之歯」は君が年寿をさし「吾代」も己の年齢をさしたものであることは古来異論のなきところである。巻十四

三四四八　波奈知良布己能牟可都乎乃乎那能乎能比自爾都久佐麻提伎美我与母賀母（ハナチラフコノムカツヲノヲナノヲノヒジニツクマデキミガヨモガモ）

とあるのがその二、これも君が寿命の長くあれと冀うたのである。

私は上に古今集、後撰集にある「君が代」とある歌及び拾遺集以下新古今集までの賀部に見ゆる「君が代」という語を用いたものをすべてあげておいた。それらの歌には天皇を謳歌したものも少くは無いが、それらは今論ずるまでもあるまい。又その対者が明かで無いものも少く無いが、それらは水掛論になるから今触れぬ。ここには明かに臣下に対して「君が代」とよんだ歌が有るか無いかを検して見よう。

拾遺集賀の部に先にいう通りに

清慎公五十賀し侍りける時の屏風に　元輔

君か代を何に譬へむさゝれ石の巌とならむ程もあかねは

とある。これは「我か君は千代に八千代に」の歌によったことの著しいものであるが、その

「君が代」というは清慎公実頼に対して云ったので、実頼が五十歳の時は左大臣だった天暦三年でその折の歌である。又金葉集賀の部に

宇治前太政大臣の家の歌合に祝の心をよめる　中納言通俊

君か代は天つ児屋根の命より祝ひそ初し久しかれとは

大蔵卿匡房

君か代はくもりもあらし三笠山みねに朝日のさゝむ限は（この歌詞花集に重出）

宇治前太政大臣は藤原頼通である。千載集賀部に

俊綱の朝臣さぬきの守にまかりける時祝の心をよめる　藤原孝善

君か代にくらへていはゝ松山の松の葉数はすくなかりけり

俊綱は橘氏、四位修理大夫に至った人である。これらの人々にも「君が代」と歌うのである。即ちこれらの「君」は天皇をさすには限っていない。

さて上の如く、天皇に対し奉っては御治世という意味にはなるが、平人に対した時はその「君が世」は万葉集以来の伝統のままその対者の年寿をさしたものであるのは争うべからざ

るものである。この場合の「世」という語の意は年寿をさしたものである。和名類聚鈔に竹具の部に「両節間俗云与」とあるその与という語をば人の一生に通用したものであろう。即ち年寿を世というは竹の両節の間を「よ」という意から推して知らるることで、生れたという初めの節から死ぬという終りの節までの間がその人の「世」であろう。年齢を「よはひ」というは「世延」の義だろうとする説も必ずしも附会の説といわれぬ。

「君が代」を上の如き意に用いたものとする時は「君が代は」の歌も「我が君は」の歌も大差無いものであるからいつの間にか「君が代」となったことも首肯せらるる。加之「君が代」が君が齢ということだとすれば「我君は」というよりは「君が代は」という方が意味が深くなり、又下の「千代に八千代に」と照応するので趣があるから、之は改めてよくなったことになると思う。

とにかくに、上の如くにして、恐らくは「君が代は」という形の歌として汎く行わるるように到ったものであろう。而して之を朝廷に用いれば天皇の万歳を賀することになるが、之を一般民衆に用いる時はその当事者の間に於いてその人の健在長寿を冀う意によって祝賀の意を表することになるであろう。之をただ天皇の万歳に用いるのみのものだとするのは原意を知らぬものというべく、そうして又これを民主主義に反した思想を表した歌だとするものも、その人の無智なることを表示するに止まると評すべきものであろう。

九　この歌は古来如何に取扱われたか

これからこの歌が古来どの様に取扱われて来たかを顧みよう。この事を説くには大体上の七様のものを差別せずに説くことにし、必要の生じた時だけにその差異に説き及ぼすこととする。

古今和歌集賀歌の巻首にこの歌を掲げてあることは既に屡説いた。貫之が勅命に基づいて古今集に基づき更に清撰して編纂した新撰和歌集第三の賀哀の賀の部の巻頭にも之を掲げている。これはその古歌であるのとそのめでたさとによってであろう。忠岑の和歌体十種には神妙体の例歌五首のはじめにのせている。これはすぐれた歌だからであろう。古今和歌六帖巻四の「いはひ」の部には七十六首の歌を載せてあるが、その筆頭にこの歌を掲げてある。これは古来いわいの歌の第一として来たことを示すものであろう。藤原公任は一条天皇の御代の博識にして四納言の随一といわれ、歌学では貫之以後の大人物で、以後二百年間歌学の大宗と仰がれていた人である。その会心の歌を集めて深窓秘抄と名づけたその載する所一百一首、その最終にこの歌を加えてある。之は世を祝する意を表したものであろう。同じ人の著した和漢朗詠集には巻下の祝の部にこの歌を載せてあることは既に述べた。

栄花物語巻五、日蔭のかつらの巻に寛弘八年六月三条天皇践祚十月十六日御即位あり、翌

長和元年十一月大嘗会の時の主基（すき）方の辰日節会の楽の参入音声は丹波のさざれ石山を詠じた歌で

　数しらぬさゝれ石山ことしよりいはほとならんほとはいくよそ

というのであるが、その「さゝれいし山」という名に基づいてこの歌をとりこんだのであろう。

藤原為頼（ためより）（長徳頃の人）の集に

　むまこのいたゝきもちゐを見せたれば
年をへて数まさるへきさゝれ石の巌とならんほとをしそ思ふ

というがある。之も、この歌に基づいてその長寿あらんことを祝したものである。

鎌倉時代に入っても、同じく祝賀にこの歌が用いられた。建久三年の皇太神宮年中行事の六月十五日の贄海神事（にえうみのしんじ）に海路にありての歌二首、その一首は

和賀（ワガ）君（ノ）　於波志万左牟古止者（オハシマサムコトハ）左々礼（ササレ）石（ノ）　伊波保止奈利（イハホトナリ）　古遣（テコケ）（ノ）　牟須万天（ムスマデ）

とある。之は「君が代は」の歌の下句を下句としたものであるが、上句は形をかえてある。その上句の形は拙(つたな)いが意味は元歌とかわらぬつもりであろう。さてそれより帰参して又奏する神歌四首、その一に

我君(ノ) 命(ヲ) 乞(ハ) 左々礼石(ノ) 巌(ト) 成(テ) 苔(ノ)生(ムス)万(マ)天(デ) 恵(エ)伊(イ)邪(ヤ)々々三反

とあるが、之も同様である。

又その頃盛んに行われた南都興福寺の延年舞にもこの歌が用いられていた。その舞の式は委(くわ)しく伝わっているが、その間に遊僧拍子の歌というものがある。遊僧とは色々の装束を著た法師の歌舞を演ずるものをいうのである。その歌八首ありいずれも太平の象若くは祝賀の意の短歌であるがその第四首はこの歌である。その遊僧拍子の歌は

ヤアラソヨヤ三笠山松ふく風の高ければ、空に聞ゆる万代(まんだい)の声、ヤレコトウトウ万代の声
百敷の大宮人は暇あれや桜かざして今日もくらしつ
三千歳になるてふ桃の今年より花咲く春に逢ふぞ嬉しき
君が代は千代に八千代にさざれ石の巌となりて苔のむすまで

白妙の衣の袖を霜かとて払へば月の光なりけり
君はただ心のままの齢にて千代万代の数も限らず
霜こほる袖にも影は残りけり霧よりなれし有明の月
いかばかり神もうれしと三笠山二葉の松の千代のけしきは

というのである。今伝うる舞の式は平三品時章卿の蔵書を橘経亮（たちばなつねあきら）が寛政元年に写し伝えたものであるが、古式を伝うるものであるから、古今大差無いであろう。それ故にそれらの短歌は古のままに伝えていたと思う。又伴信友（ばんのぶとも）の編した中古雑唱集には

南都興福寺延年舞唱物三反初重二重三重

きみが代は千代に八千代にさゞれいしのいはほとなりてこけのむすまで、やれことおどふ、こけのむすまで（やれこ云々は囃詞である）

右南都興福寺当職大乗院門跡家司多田長門守仲連伝古歌皆准之唱也
寛政元己酉年六月下向ノ時伝レ之舞ハ興福寺一山衆徒等ニ伝フ、古風ニ今行レ之

とある。即ち、この歌が延年舞に伴うて欠くべからぬものであったことを見るのみならず、

他の歌は用いられなくなってもこの歌だけは必ず謡われたことを見るべきであろう。而してこの延年舞の力によって「君が代」の歌の生命も後世に伝わるに至ったことも大であろう。

以上の如く鎌倉時代には神事にも仏会にもこの歌を唱えたことを見るのであるが、この頃より後には「我が君は」の形は一般に用いなくなったことは既に述べた所である。即ち室町時代に入っての和歌披講の例に用いた歌はいずれも「君が代は」の歌であった。（文安の朗詠九十首抄、天文十七年書写の梁塵秘抄、楽説紀聞、享保十八年書写の朗詠等）之はその歌が代表的標本的の和歌として人口に膾炙していたことを語るものであろう。

田楽は神事の田舞に源を発して別途の展開をして独立の歌舞となったものらしく思われている。栄花物語には後一条天皇の治安三年に行われた田舞そのものというべき田楽が記述せられてある。それより降って次第に盛んになり、堀河天皇の永長元年には洛陽田楽記に見るような大規模のものとなり、之を専業とする田楽法師というもの生じ、つづいて鎌倉時代にその田楽法師に本座新座の別を生じ、室町時代には田楽能というもの盛んに行われ、その曲も多く、猿楽の能の先駆をなしたものである。後には衰えたが、江戸時代には和泉国大津村に之を伝え、地方にはその舞と詞章とを伝え来た。その田楽能に菊水という曲がある。之は長い曲で、猿楽の謡曲「菊慈童」の基となったもので、それに比べて優るとも劣らぬものである。その曲のはじめに

> 君が齢は久堅のつきせぬ御代ぞめでたき、抑是は魏の文帝に仕へ奉る臣下なり。扨も我君いまだ若年の御位なれども民を憐み給ふ事三皇五帝の御代にもすぐれ給へり。目出度御代にて候へば山々の仙人急ぎ参内せよとの宣旨をかうぶり只今、鉄剣山へと急候。君か代は千代に八千代にさゝれ石〳〵、岩ほとなりて苔のむすまで、幾歳になるみがた、幾代つもりて程もなく鉄剣山に著にけり。

とある。ここにも「君が代は」の歌が利用せられてあるのである。

曾我物語にも此の歌があることは上に述べたが、それはどういう場合であったかというに、その巻六の「五郎大磯へ行きし事」の条に、大磯の遊所にて和田義盛一族百八十騎打ち連れ酒宴を催し、名高き遊君虎を呼べども、虎は曾我十郎祐成が心をかねてその席に出ずるを嫌い、ここに曾我十郎と和田義盛との争いとなったが、義盛の子朝比奈三郎義秀が父の使として曾我十郎が許に至り、懇に請いければ十郎心和ぎ虎と共に、和田義盛に対面して一旦事無きを得たのである。しかし、虎がその請けた盃をば義盛にささずして十郎にさしたるより、座敷白けて大事出で来んと思われた所に五郎時致が兄の事心もとなく胸さわぎしたるままに大磯に馳せ参じて兄十郎の身を蔭ながら守っているのを朝比奈之を推し、由なき争を無からしめんとて出で舞うときの事である。その文はまことや彼等兄弟は兄が座敷にある時は弟が後ろに立ち添ひ、弟が座敷に在る時は兄が後ろに在るものを。如何さま五郎は後ろに在りと覚えたり、さしたる事も無きに、大事引き出だして何の益が有らん。又然りとは親しき仲ぞかし。何と無き体にもてなし、座敷を立たばやと思ひければ、紅に月出したる扇をひらき、「何とやらん御座敷静まりたり、謡へや、殿原、はやせや、舞はん」とて、既に座敷を立ちければ面々にこそ囃しけれ。義秀拍子を打ち立てさせ「君が代は千代に八千代をさざれ石の」と絞り上げて「巌と成りて苔のむすまで」と短く舞うて納めけり。

とある。之によると、酒宴のめでたく終るときその祝としてこの歌をうたいつつ舞い以て千秋楽としたものと思わるる。

義経記巻六に静御前が鎌倉へ下り、やがて鶴岡八幡宮に参詣し終に頼朝の前にて舞うた記事がある、その中にもこの歌をうとうたことがあった。それは「静若宮八幡へ参詣の事」の条にある事である。その舞の時には畠山重忠笛、梶原景時銅拍子、工藤祐経鼓にて伴奏したのであった。その記事は

静其日は白拍子は（歌曲のこと）多く知りたれども殊に心にそむものなれば、しんむしやうの曲と云ふ白拍子の上手なれば、心も及ばぬ声色にてはたとあげてぞ歌ひける。上

下あと感ずる声雲にも響くばかりなり。近きは聞きて感じけり、声も聞えぬもさこそあるらめとてぞ感じける。しんむしやうの曲なからばかり数へたりける所に祐経心なしとや思ひけん水干の袖をはづしてせめをぞ打ちたりける。静「君か代」を歌ひあげたりければ人々是を聞き「情なき祐経かな、今一折舞はせよかし」とぞ申しける。

とあり、それから静が二度、舞うて有名な

しづやしづしづのをだまきくり返し昔を今になすよしもがな
よしの山みねの白雪ふみわけていりにし人のあとぞこひしき

の歌をうとうたのであった。上に祐経が「せめを」打ったとある、その「せめ」というのは「せめうた」の事であろう。歌儛品目（かぶひんもく）七上責歌の注に「初は乙にて歌ひ、後度に甲にて歌ふを責歌と称す」とある通り、歌の終に近づいたことを示す為に鼓の調子を急にしたことを示すものであろう。そこで静はそれに応じて「君が代」を歌いつつ舞うたが、聴衆はそれを認めずして静に更に舞うことを要求したのであったが、我等はここで「君が代」の歌が如何に取扱われていたかを見るのが目的である。この点から見れば、この場合も曾我物語の場合もすべてその最終の舞納めの歌として用いられていたことを見るのである。尤（もっと）もここに「君が代」とだけであって、第二句以下が示されていないから別の歌で無かったかという意見もあるかも知られないが、前後の多くの例でこの歌をさしたと見るが妥当である。

結城戦場物語にもこの歌があることも上に述べた。これは鎌倉公方持氏(もちうじ)が亡びた後その遺児春王、安王を奉じて結城氏朝(ゆうきうじとも)が兵を挙げたが京勢に攻められて結城は落城し、氏朝は戦死し、春王安王は捕えられ、長尾因幡守の手に警固せられて京都に送らるる途中、美濃国青野が原にて二人を道にて失い首を取りて京に来れとの京都よりの使に逢い、垂井(たるい)の宿にて最後を遂げる事になったが、その際にそこの道場に入ると、そこにて遊行上人に逢うて教化を受けて後、最後に近づきたる際に種々の酒肴の饗をうけたるが、その文には

> 既に宴初りけり、三献の酒過れば春王殿御覧じて、上人の御前にて我等さいごの舞まうて御肴申さんとて春王殿立給へば、安王殿も御立あり、相舞をこそ舞れける。

とあり、その舞はてて後は

> かくて御兄弟御座敷に直らせ給へば、いなばの守御盃を参らせて立て舞をぞまうたりけり「君か代は千代にや千代をさゝれ石」と舞たまひければ、安王殿とりあへず「千代と云は八千代と云も余りあり、一夜にたらぬわが命哉」かやうに詠給ひて御酒過ぬれば春

王殿因幡守をめされて云々

とある。之を見ると、その死を前にしての酒宴にもその死する人との別れを惜むに「君が代」を歌うたのである。以上の三の場合を通じて見るに「君が代」の歌は汎く普通に民族歌として行われていて特別に祝賀の意無くしても歌われたことを知るべきである。

御伽草子を見ると、上の事が一層著しく見らるる。「さゝれ石」という草子は、この「君が代」の歌を骨子にした物語で、その趣向は

成務天皇に三十八人の皇男女あったが、その末の姫宮をさざれ石の宮という。この宮十四歳の時摂政殿の北政所となったが、東方浄瑠璃世界に生れんことを願い薬師如来に祈っていた。ある夕に金毘羅大将が薬師如来の使として降り、瑠璃壺に不老不死の薬を納れたのを授くる。此壺に

君か世は千代に八千にさゝれ石のいはほとなりて苔のむすまで

と記してあった。これは薬師如来の御詠歌であろうという。それより宮の名を改めていわおの宮という。この薬を嘗め給うてから清寧天皇の御代に至るまでいつも若く美しき

姿にて栄え給いしが或る夜薬師真言を念しおわしける時薬師如来来りて宮を導きて浄瑠璃世界につれ行き給う。

というのである。これは薬師如来の信仰を勧めた物語だが、その宮の名をこの歌の詞にとり、この歌が不老不死を祝する意を示すにより、不老不死の実を現す物語としたものである。之を以て見ても、この時代にこの歌が如何に行われ、如何に思われていたかを知るべきであろう。

御伽草子の一に唐糸草子というがある。之は木曾義仲の臣手塚光盛の娘唐糸という者琵琶等に堪能である故を以て鎌倉の頼朝の御所に仕えていたが、寿永二年の秋木曾義仲が上洛して平家を追い落したる後、京にて狼藉をなす由を頼朝が聞いて、先ず義仲を討つべしとて準備しているのを唐糸が聞いてその由を京の義仲に通じ、なお義仲の下知を待って頼朝を暗殺しようとして、機会を伺うていたが、事露われて唐糸は捕えられて松が岡の尼寺に預けられた。松が岡の尼公は唐糸を生国信濃に逃れさせた所、途中武蔵国六所という地にて梶原景時に逢いて再び捕えられ、鎌倉御所の裏の石牢に入れられた。信濃国には六十に余る老母と十二になる娘とがあった。その娘は万寿と名づけられた。母の牢舎した由風聞が伝わったので大に驚き悲み、何とかして救い出そうとして、乳母の更科を従えて鎌倉に上り、鶴岡八幡宮に母の身の上を祈り、身分をかくして頼朝の北の台に奉公しつつあるうちに、唐糸の幽せられてある牢をさとり、暗に之を養いつつあった。翌年正月鎌倉御所に喜ありて、鶴岡八幡宮に十二人の手弱女（たおやめ）を召して今様を謡わせて神徳を称うる事となったが、十一人の娘を得たが、今一人足らずして終に万寿をすすむる事となった。さて当日正月十五日になりて、神楽を奏して各今様を歌いつつ舞うた。万寿は五番のくじに当ったが、大に喝采を博し、頼朝に甚しくめでられたが、その賞として母の赦免を請い、容（ゆる）されて母を伴いて信濃に帰り子孫繁昌したという物語である。その万寿が舞の詞は次の如くであるが、それは二段落であると思わるる。先ず

鎌倉は八つ七かうとうけ給はる。春はまづさく梅がやつ、扇の谷にすむ人の心はいとゞしかるらん、あきは露おくさゝめがたに、いづみふるかや雪のした万年かはらぬかめがへの谷、つるのからこゑうちかはし、ゆひのはまにたつなみはいくしま江のしまつゝいたり。江のしまのふくでんはふくじゆかいむりやうのほうじゆをいだき、参られたり。

「きみかよはさゝれ石のいはほとなりてこけのむすまで」

以上で一段落であろう。そうしてその段落の終りに「きみかよは云々」と歌うたのであるが、ここには「千代に八千代に」が略せられてある。これはわざと略したのかとも思わるることは下に言う所があるが、とにかく謡や舞の終りにこの歌をうたうという方式によったも

のであろう。そうしてすぐそれにつづけて次の歌を唱えたのであった。

たかさこやあひ生のまつ万歳楽に御いのちをのぶ。とうばうさくの九せんざい、うつゝらの八万歳、ちやうみうこじの一千ざい、西王母の園の桃三千年に一度はなさき、みのなると申せども、相生の松にしくことさふらふまじ。そも〳〵君は千代をかさねて六千歳さかえさせ給ふべき。かほどめでたき御ことに相生の松がえ、ふくじゆむりやうのよろこびを君に捧げ申さん。

と唱えつつ小松の枝をゆりかずきて二三度、四五度舞うたので頼朝が大きにめでほめたということであった。元来これは鎌倉御所の座敷に小松が六本、畳の縁に根をさして生い出でたのをめでたい事だと占ったので、その六本の相生の松を鶴岡の社の玉垣の内に移し植えてそれを祝う為に催したのであるから、万寿が小松の枝を持ちつつ舞うたのであろう。而して前段には専ら鎌倉の景勝の地であることを祝しほめたのであって、その段落の末に「きみかよは」云々と一旦祝い納めて、更に端を新にしてその相生の松のほめ詞を演奏したのであろう。而して、前段の末に「君か代はさゝれ石のいはほとなりてこけのむすまで」と謡い納めたが、そこには「千代に八千代に」という詞をわざと残しておき、後段の相生の松のほめ詞の中に「千代に八千代に」の意を表して「そも〳〵君は千代をかさねて六千歳さかえさせ給ふべき」といい、以て前段の末に照応せしめたものであろう。それ故に之も「君が代」を以て祝いの歌の末を飾ったもので、曾我物語、義経記、結城戦場物語の場合と同様の取扱になっていることは明かである。

謡曲に於いては「春栄」「呉服」「老松」「弓八幡」「養老」の諸曲に「君が代」の曲を利用していることは上にも述べた。そのうち老松、養老、呉服にあってはその歌の詞によって文章を綾なしたものであるが、弓八幡にあってはシテが

君か代は千代に八千代にさゝれ石の巌となりて苔のむす

と謡い、末の「まで」をば次の「松」にかけて、シテツレ二人が

松の葉色も常盤山、緑の空ものどかにて、君安全に民あつく、関の戸さしもさゝざりき

と謡うのである。特に見るべきは春栄の曲である。この曲は武蔵国の人増尾春栄丸と云う少年が近江で合戦の時打敗けて敵の虜となり、高橋権頭という者に預けられ伊豆国三島にいたのを、春栄の兄の種直が三島に来て弟の身代りになり殺されようという。春栄はどこまでも兄たる事をかくそうとするけれど、とうとう事が露われて兄弟共に首の座に直った所に鎌倉

から早打が来て赦免せらるることになった。高橋権頭は子が無くて早くから春栄を己が養子にしたい志があったけれど、勝手の事が出来ず黙止していたが今度赦免になると共に養子にしたいと望んだ所兄弟共に之を承諾したので春栄がめでたく高橋の養子になるという筋である。そこで最後にその祝賀の宴となる。その文は

猶々めぐる盃の度かさなれば春栄もお酌に立ちて親と子の定めをいはふ祝言の千秋万歳の袖の舞ひるかへし舞ふとかや。シテ千代に八千代にさゞれ石の地「いはふ心は万歳楽

とある。これはかような祝言の時に「君が代」を歌うものであったことを我々に知らしむる重要な例である。

能と共に演ぜらるる狂言にも往々この歌が用いらるる例を見る。先ず「引敷聟（ひっしきむこ）」の曲を見る。これは物を知らぬ聟が舅の方へ聟入をしようとして出で立ったが、裃（かみしも）の上ばかり着て下を着ぬので、それでは無調法だというので、或る人が教えてそれに上を下と見ゆるように著せて後に引敷を当ててごまかしてやった。それの教のままに舅の方に聟入りの儀を行いはしたが、酒宴のはてに舞を所望せられて致し方無く舞い、後の引敷を見つけられて面目を失うという筋であるがその舞いにつれて歌う詞は春栄のと同じく

千代に八千代にさゞれ石の祝ふ心は万歳楽

と云うのである。又相合烏帽子という（丹波の百姓と丹後の百姓とが烏帽子を許さるるという）曲にも目でたい事のしるしとて舞立ちにする、その際のこととして謡う詞は

丹後「千代に八千代をさざれ石の　丹波「君が齢は　両人「万歳楽云々

とあって前の引敷聟の場合と略（ほぼ）同じである。これらいずれもめでたい時の歌として用いている。

上のように祝賀の意を表するにこの歌をうたうことは、汎く一般に行われたことはかの古今集の時代と同じで一向に変化もしていなかったのである。そうして、その酒宴の場合の終りにうたうことは上にあげた曾我物語以下の諸書に通ずるところである。かような風はかの藤原公任の深窓秘抄の最後にこの歌を記したのと精神が相続いている。これを以て見ると松永貞徳が戴恩記の巻末に

わか君はちよにやちよをさゝれ石のいはほとなりてこけのむすまて

とあるのも世を祝う意で加えたものであることは著しいのである。

以上は最後にこの歌を歌い、又は書き加えた例だが、また之を最初に挙げたものもある。それは上にもあげた隆達の小歌の自筆本である。之はいずれの本にもそうであることは既に述ぶる所である。又編笠節の小歌を写した本も「君か代」を以てはじめにおいた。これらはそれが祝賀の歌だから最初においたのであろう。この精神は古今集の賀歌の初めにこの歌を掲げ、古今和歌六帖の「いはひ」の部の初めにこの歌をあげたことと同じ精神であろう。

十　江戸時代に於ける「君が代」の歌

さて上の如くにして室町時代を経過し、江戸時代のはじめ頃この歌が小歌として一般人に吟ぜられたことはうらみの介の草子によって知らるる。この草子はその文のはじめに「頃はいつぞの事なるに、慶長九年の夏の末」とある。即ち江戸幕府の極初期の事である。その文は

当世はやりけるりうたつぶしとおぼしく、ぎんじたまひけるは
君か代は千代に八千代をかさねつゝいはほとなりて苔のむすまで

とあるのであるが、実際の隆達の小歌ではその歌は「千代に八千代にさゝれ石の」となっていて、その自筆本ではいずれも、この歌を巻頭に記してあったことは上来屢説いた所である。

江戸時代でその最初期からかように一般に口遊みになっていたから、その後の俗謡類に頻繁に取り入れられたのであろう。

先ず小唄の類では落葉集（元禄十七年三月版）巻一にある古来十六番舞簫歌と題した一群の第三番「君千歳」の曲は

君千歳山、それは昔のさゝれ石、巌に生ふる苔の色はとにかくに、君と我が仲よも尽きじ

というのである。之は「君が代」の歌を基にしたことは明かであるが、これは元来元和頃に流行した「業平をとり十六番」に源があるので、その十番が上の歌なのである。而して、これは亦その巻三の曾我五郎の曲に

君千歳山それや昔のさゝれ石巌と成ていつまで変らぬものは常盤木の葉色に迷ふ人心

とあるのは上の「君千歳山」の曲に基づいている。又その巻三の八幡詣出端の中に

伊達な姿の男山〳〵引く手数多の梓弓、やたけ心に我が恋の巖となりていつまでも君が八千代は尽すまじ〳〵、とかく棄てぬは女郎花結ぶ契は千歳山花の情は猶尽きじ

とあるは上の「君千歳山」の詞に更に「君が代は」の詞を加えたものである。

長唄では難波獅子の曲に

君か代は千代に八千代に、さゞれ石のいはほとなりて苔のむすまで、立ちならぶやつをの椿、八重桜ともに八千代の春にあはまし、高き屋にのぼりて見れば煙立つ民の竈は賑ひにけり

とある。之は三首の和歌を綴り合せたもので、その第一が「君が代」の歌である。又竹生島の曲には

千代に八千代にさゞれ石、巌となれや八幡山

とあるが、これは上にいう八幡詣出端と関係があるように思われる。又駿河名所という曲には

　実に豊年の貢とて降り来る雪は地の限り積ればちりも山川の汀に生る小石(さゞれ)巌となりて苔のむすまで

とあって、この歌の詞をとり、老松の曲では

　千代に八千代にさゞれ石の巌となりて苔のむすまで

と「君が代」の首句だけを略して第二句以下をそのまま用いている。又「若みどり」という書の第一巻長歌の第二首新藻塩草の曲には

　幾春毎に祝ひ来て寿(ことぶ)き歌ふ春駒の齢(よはひ)久しきさゞれ石、苔むす野辺の末まで

といい、第三首の「さゞれ石」というは曲の名の示す通り「君か代」を主とした曲であり、その冒頭は

さゞれ石巌となりて二葉の松も生ひ添ひて千代の始めは、千代の始めは面白や、君が世の久しき国や、四つの海岸打つ浪の静かにて云々

と云っている。

箏唄の鶴の巣籠という曲はこの「君が代」の歌を首章とし、

君が代は〱千代に八千代にさゝれ石のいはほとなりてこけのむすまで

というを以てはじめてある。又蓬萊という曲はその終りを

枝はふりても松風は千秋の声、年もやう〱呉竹の幾代かふべき長生殿、老せぬ門に立ちかへる春を数ふるさゞれ石の巌となりて苔のむすまで

としてある。

以上の外(ほか)一中節では「老松」の曲に

千代に八千代にさされ石の巌となりて苔のむすまで

をとり入れ、河東節では「松竹梅」（一名、老松）に

かやふに名高き松梅のかはらぬ中の二木とて枝さしかはし諸共に千代に八千代にさゞれ
石苔のむすまで鶴亀のよはひもながく常いはのかたくちぎりを結び帯

といい、常磐津では子宝三番叟に

千代に八千代に小石の動かぬ御代こそめでたけれ

と云っている。

文政五年に松井譲屋の編した「浮れ草」（三巻）というは当時京坂地方に流行した唄を集めたものであるが、その巻上に竹生島という曲の首に

去程に又是は勿体なくも竹生嶋弁財天の御由来委敷是を尋ぬるに、津の国浪花の天王寺仏法最初の御寺にて本尊何かと尋ぬるに、青面童子で庚申、聖徳太子の御建立、三水四

石で七不思議、亀井の水も底清く、千代に八千代にさゞれ石の巌となれや八幡山云々

とうたいはじめているが、これは上にあげた長唄の竹生島をとり用いたのであろう。「伊勢音頭二見真砂」は天保頃に編したものというが、その放下僧という曲は最後を

うち治まりし君が代の千代に八千代に世も尽きじ、昔も今も、え、

として閉じている。

以上は俗曲にあらわれている例であるが、浄瑠璃にも屡用いられている。先ず公平浄瑠璃では「公平化生論第一」に（頼義公の前にて）

中に公平かうをんに「とうとうとなるはたきの水、いつもたへせずおもしろや、取上源家の御代をまんさ〳〵〳〵まんさいらく」とぞうたひける。君たいゑつき限なく御声を上らるれば大小みやうもたうをんに「君ちとせふるいはをと也てこけのむすまで代〳〵をかさねてめでたや」と皆々御いとまをたまはりせんしうらくをつらね、我や〳〵へ帰られける。

とあり、ここに宴の席のお開に「君が代」の曲をうとうた名残を示している。又「頼光あとめろん」第四の末に

らいくはう御ゑつきましく〱ておほめでたやと御きげんよろしく候へければ、其時にあまをとめ、しほきのおきなもろ共に「きみか代は千代にや千代をさゞれいし」としうげんうたひ立ければ、ざちうに有し諸大名皆万ぜいをとなへつゝ、千しうらくはたみをなで、万ざいらく命をのぶ。頼光の御いせいめでたかり共中〱に何にたとへん方もなし。

とある。これ亦祝言の席に、その祝い納めに、この歌を唱えたことを示している。又近松が浄瑠璃にも屢あらわれている。先ず花山院后諍の第五（終の曲）に今様舞の事があり、

竹の園生の末かけてめでたき御代の例にも引くや子の日の姫小松、千代に八千代にさざれ石のいはほとなりて苔のむす迄、万歳楽と呼ばふなるつると亀との齢をば重ね重ぬる舞の袖

と見え、源氏烏帽子折には第五のはじめに

　君が代は千代に八千代に栄えます、とよはた雲や伊豆の国蛭が小島におはします右兵衛の佐頼朝は盛長一人配所の伽、

とある。又兼好法師物見車上に絵馬の話に

　夫婦諸共立塞がり、これ〳〵金王ばかりで寂しくは、あれ御覧ぜ、薙刀もつたは静御前、弓を引くは泉が城、自らそれとは恐れながら、八幡宮の御母御、鬼界高麗百済国(はくさいごく)のあらき夷を攻滅してかへる君が代、千代に八千代にいはほに弓をおつとりのべて異国の王も師直も犬に劣つた今の世の梶原が讒奏(ざんそう)にて云々

とある。これらは行文の上に利用したのである。

　近松以後の浄瑠璃にも屢利用せられてある。先(ま)ず金屋金五郎後日雛形（宝永二年、作者未詳）にはその冒頭の文として

　所千代までおはしませ我等も千秋さぶらふ。鶴と亀との齢にて幸ひ心に任せたり、千早

振る神のみことの昔より久しかれとぞ祝ひけり。そよやりいちやとんどや、凡そ千年の鶴は万葉楽と謡うたり、又万代の池の亀は甲に三極を戴いたり。滝の水、冷々と落ちて、夜の月鮮かに浮んだり。渚の沙索々（いさごさつ）と散つて朝の日の色をあふす。天下太平国土安穏、五穀成就、君民（たみ）ゆたかに治まる御代。千代に八千代に小石（さゞれいし）の巌となりて苔のむす迄〳〵と皆同音に和歌あげ、主（あるじ）に礼儀正しく座敷を立てば、今一つ御酒あげ度いとすがりつく。

ということから曲がはじまる。これは上にもいう通り、酒宴の終りにこの歌をうたいて祝したことを示すものである。

その外（ほか）並木宗輔等作の苅萱桑門筑紫𨏍（かるかやどうしんつくしのいえづと）（享保二十年）にはその第四道行越後獅子の文の中に

逃げてのかはの観世音歩みながらに遥拝し齢を祈る松島や千代に八千代にさゞれ岩出を跡になし云々

とある。之は既に述べた通り、この歌を行文の上に利用したものではあるが、上に「齢を祈る松島や」というたにつれて「千代に八千代にさゞれ」と云ったので、これもこの歌が長寿

を祝する意があるから利用したものであろう。又近松半二等作の近江源氏先陣館（明和六年）にはその第二の文の中に

造酒頭頭（かしら）を下げ憚り多き諌言を御聞入下されしな、御恩は重きさゞれ石、巌となりし御代万歳（ばんぜい）、見せ奉るがすぐさま追善、仏事終れば御前にもいざ御帰館と勧むれば……

とあるのも行文の上に利用したものである。同じく半二等作の妹脊山婦女庭訓（明和八年）には、その第二に

八重九重の内までも治まりなびく君が代の千代に八千代をさゝれ石の祝ひ寿き申にぞ甚叡慮おはしまし……

とある、これは仮の皇居での千秋万歳の祝の詞である。
又明和七年に出来た神霊矢口渡は福内鬼外（平賀源内）の作である。その第二に

運の月形鎌倉武士、三国一の高名も時に大島長門が妻お浪といへど、浪風も治まる武功、君が代は千代に八千代にさゞれ石、巌の上の釣竿は軍の先生名も高き太公望といふ

人かと……

とあるも同様で、これは「巌」ということを引く序詞のように利用したものである。

又享保三年作の鎌倉三代記（紀海音作）には第四、若狭の局道行に

行合川の丸木橋踏はかへさじ一筋に、千代のためしのさゞれ石無き名の数やかぞふらん

とあり、天明七年作の碁太平記白石噺には第九「道行いはぬいろきぬ」の初に

爰の在所に、よいこの嫁御、よその男に気をもみ洗ひ、かいけ柄杓の縁しは千年かけ、水の流れと人の行末はいざ白石や、さざれ石、千代に八千代と結びあうたる妹と脊の契は堅き石堂の館を出て伊達助も……

とあり、寛政五年に舞台にかけられた蝶花形名歌島台（若竹笛躬、中村魚眼作）には十冊の終に

若君を守護する御武運久吉公、見送る老の一奏、千代に八千代をさゞれ石いはほに残る

傾城塚とも末の世に呼ぶ追善や御祝言、蝶花形は春姫の輿入国入涙の種、姥が窟をもみぢ葉を踏分けてこそ下山ある。

とある。これら皆行文の上に利用したものであるが、この歌が汎く人口に膾炙し人心に染み込んでいたにより、利用の価値の多大であったのによると思わるる。

又徳川時代の小説類、仮名草子、浮世草子、読本(よみ)、等と称えらるるものにもこの歌を利用しているものが少く無い。その一斑を次にあげよう。

元禄元年に刊行した正月揃（六冊）の巻一、京正月の条に

富の小川の水澄てさゞれ石の苔生までつきせぬ聖の御正月

とある、これも世を祝する為に用いたのであろう。西鶴の作という本朝桜陰比事(ほんちょうおういんひじ)（五冊、元禄二年刊）の巻一の第一、「春の初の松葉山」のめでたい話の最後を

扨(さて)は記録に付させられ、永代かはらぬ松葉山ちよに八千代と祝ひおさめける也

として文を終えている。これは前代よりのしきたりで「君が代」と祝い納むる形をとったも

のであろう。西沢一風（いっぷう）の作という御前義経記（八冊、元禄十三年刊）の一、「からしり馬に二人乗」の章のはじめに

> 大吉日をあらため、門出の御祝義に、四季の草花を台につくらせ、娘がよそ〳〵しい顔して、しやくをとれば、善三郎は拍子舞。万〳〵歳（ばんぜい）と君が代をいはひをさむる盃の数かさなりてわくいづみ、つきせぬ中の友白髪、猶行末の目出度（めでたき）は長生殿とかなでける。

とある。これも祝の言として用いたものである。同じく一風作の風流今平家（ふうりゅういまへいけ）（十二巻、六冊、元禄十六年刊）というものがある。それの十一、十二之巻の最後の文は

> それより（高野山より）屋形に帰り、あまたの下部をかゝゑ心のまゝに商売し、針口のをとたへず、目出度春をかさね〴〵の繁昌くめどもつきぬ伊丹酒、千代万代のてうしかはらけ、島台かざるぜうとうば、よはひ久敷鶴と亀千代に八千代にさゞれ石の岩ほとなりてこけのむすまでめでたくかしく。

として文を閉じてある。これも前々より行われて来た祝賀の言を以て納めとするならわしによったものである。又元禄十五年刊の風流日本荘子（やまとそうじ）というものがある（五冊）。都の錦の作

という。その巻五「夫婦のむつ言」のうちに

惣(そう)じて女の所帯を持てば万(よろ)づに目をくばり、心をこまかにわりくだき、人をあはれむ事はいふに及ばず、むしけだ物の上までも露のなさけをかけそへて、面はしだり柳の風にうちなびき、心はゆたかにして、梅の梢に雪のつもるごとくほつこりとやはらかにふるまひ、身持やさしく、さゞれ石の岩ほとなりてこけのむすまで、さかへひさしき二葉の松の末々迄もめぐみにあはんと願ふこそいとしらしけれ。

とある、ここに「さゞれ石の岩ほとなりてこけのむすまで」とあるは、その盛り久しきことを冀う意にて用いたものであろう。

又宝永二年に刊行した棠(からなし)大門屋敷(五冊)というがある錦(にしきぶんりゅう)文流の作という。その巻三「傾城生死の海」の遊廓にての酒宴の場の終に

げに〳〵もらさでのめや、日の出まで月のかたぶくまでこそはうつろふいろもあるべきに、つきぬごげんとさすぞさせ、とくみかはしてたはぶるれば、ご一座ごゑつきましく〳〵て、をうく〳〵めでたや、めでたしと、ごきげんよろしく見へければ、そのときによねたちや、おほくのたいこもろともに、きみが代はちよにやちよをさゞれいしのいは

ほとなりてこけのむすまでと、しうげんうたひたちければ、座中にありしよきやくたち
みなばんぜいをとなへつゝ、せんしうらくはいろにめで、まんざいらくには身うけをせ
よ、大じんのぜんせいめでたかりとも、中々たとへんかたもなし。

とあるのは室町頃から酒宴の最後に「君が代」を歌うた慣わしがここらにも引きつづいて行われていたことを見る。又同じ人の作、熊谷女編笠（宝永三年六月京にての女の敵討を材料にしたもの、五冊）の巻一、一「青丹よし奈良の都の四季」に

木辻鳴川の流は絶えずして京大坂の遊里に恥ぢず、二所に政所ありて御裁判濃厚に御恵深かりければ、民屋柱根をつぎて動かぬ国の目出度さ、千代にや千代に細石の巌となりて苔のむすまでと祈らぬ民もなかりき。

とあるは御代を祝するに用いたものである。又宝永六年刊の今様二十四孝（六冊）というものがある。北京散人月尋堂という者の作という。その第六冊の終に

今菜刀鍛治の元祖口人とて世の人の口の端にのる正直者、大孝行の世の手本、並びうつせし板もと、千秋万歳万々歳、つきぬ君が代ぞめでたし。

とある。これは板元を祝した形で、頗る異例のものであるが、「千秋万歳」の祝言と「君が代」の祝言と和漢を一つに合せてめでたし〳〵ととぢめたものである。又宝永七年刊行の「傾城難波みやげ」というものがある。作者不詳の五冊本である。その巻五の最後の文も

　過しさ月闇晴れぬ雲間の空ながら思召しの儘に大夫様を御手に入させ給ひ、高き粋大じんのほまれをあまねくかゝやかし給ふはさてもめでたき色里の賑い、猶かずつきぬ君が代や板元千秋万歳万々歳。

とある。上の今様二十四孝と殆ど同じと云うべき有様である。明和四年に刊行した世間妾形気（四冊）がある。和氏訳太郎（上田秋成）の作という。その巻一第二の文の中にも

　今得さする子の齢をひめて家に久しき寿きをさざれ石の苔むすまでと心をこめてあたふるぞ。

とある。これら皆この歌を利用したものである。

　曲亭馬琴の作、南総里見八犬伝は全九輯百六冊、世界最大の伝奇小説と称せらる文化十一

年に第一輯を文化十三年に第二輯を出し、第九輯を天保十三年に出すまで前後二十八年にわたる。それの巻二の「第四回 小湊に義実義を聚む 笆の内に孝吉讐を逐ふ」に里見義実（よしざね）の東条城を責めとりし時の祝の歌として

賞重う して罰軽し、死せるものも更に生（いく）
活（け）る物は栄（え）たり、江に還る車轍の魚
雪の中なる常盤木 君が齢はさゞれ石の
巌となるまで 竭（つき）せじな

というものを掲げている。これはさすがに馬琴だけあって、古今集の本来の意のとおり、人の年寿を賀するのに用いている。

以上は皆この歌を正面より用いたものであるが、また別にこの歌を狂文狂歌等にもじりて用いたことが少からず見ゆる。今その二三の例をあげよう。

醒睡笑（せいすいしょう）という八巻の書がある。寛永年間の版になったものである。著者は浄土宗の僧安楽（あんらく）庵策伝（あんさくでん）という。巻末に京都所司代板倉重宗（しげむね）の寛永五年三月十五日の跋（ばつ）がある。その文

元和元年之頃、安楽庵噺を所望いたし承候へば、別而おもしろく存るに付て、御書集候

而草子にいたし給候やうにと申候処、一両年過八冊に調給。紛失可仕哉と存、奥に書付
置也。

とある。その巻八頓作の部に

青苔をいりまめにつけたる菓子、太閤の御前へ出したれば、幽斎公にむかはせ給ひ、なにと〳〵とありし時

君が代は千代に八千代にさゞれ石のいはほとなりてこけのむすまめ。

とある。これは秀吉が幽斎にその青海苔の衣をかけた煎豆を題にして一首よめと責めた時の頓作だというのである。即ち「こけのむすまで」をもじり「まめ」とした所に機智がはたらいているのである。

上の醒睡笑の狂歌は世に喧伝せられて、広く人口に膾炙したものと見えて、橘窓自語を見ると、次の様に伝えている。曰わく

武者小路実蔭公をさなかりし比真盛豆を賜ひし時、古歌を飜案して

君か代は千代に八千代にさゝれ石のいはほとなりて苔のむす豆とよませ給ひたりしときけり、歌仙になるべき人はおさなかりしよりかくぞありける。

とある。真盛豆というのは京都北野の真盛寺の尼が製し初めたというもので苔豆とは似ているが稍違う。橘窓自語は巻三の末に「享和元年辛酉冬」と記してあり、上の話はその巻三にあるのである。而して武者小路実蔭は寛文元年に生れ元文三年に歿した人である。醒睡笑の出版せられた寛永は実蔭の生れ年よりも十数年前である。醒睡笑の作者策伝は寛永十九年に歿し、彼の歌の作者幽斎は慶長十五年に薨じている。それ故に橘窓自語の話は訛伝に過ぎないが、我々はこれによって「君が代」の歌の活力がいつも衰えずして人心に浸透しているのを見る。

上の醒睡笑の話は太閤秀吉に関することだが、之に因みていうべきことがある。それは文会雑記（五冊）に秀吉とこの歌とに関する話である。この書は湯浅元禎の著で、その師服部南郭をはじめ徂徠の門流又当時の名儒其他の言行を記したものである。その巻一下に

ソロリハ太閤豊王ノ寵セラレシ人ナリシガ、太閤ガ一石米ヲカイカネテケフモ五斗カイ

アスモ五斗カイト狂歌セシヲ太閤聞召シ、ソロリヲ召テ、此狂歌尤ナレドモ、ワレ天下ヲ掌ニ握リタルヲ太閤ガト云タルガニクキト云レタル時、君カ世ハ千世ニヤ千世ニサヾレ石ノ岩ホトナリテ苔ノムスマデト云タルハ天子ヲ君ガト申セシト云シカバ太閤詞ナカリケルト也。

とある。之によると、当時この「君が代」の歌をば主として天皇を祝する歌と信じていたことを思わしむる。然らばこの頃は天皇以外にこの歌を用いてはならぬとしたかというに、必ずしもそうで無かったことは上来述べた所でも知らるるであろう。それで寛永二十年に書いたと、その文の中に見ゆる紀行文「あつまめぐり」の末の方に

京都辺におはします上﨟一人有りけるが此上﨟は流石にて源氏を談じ眉作り、花鬘総角花結ひ何につけても暗からず、彼の御寺（法華寺トイヘリ）の檀那にて常に出入りし給へり。年も盛り□□八千代を重ねん細れ石巌と成りて諸共に苔のむすまで契らんと思ひし中もありつるが、定めなき世のならひとて夫は跡亡くなられけり。

というのさえも見ゆるのである。さて又かような風に汎く一般に用いられて来たから恋の歌だなどという俗説も生じたのであろう。

立ちかえり、狂歌狂文に利用した例二三を見よう。上にあげた醒睡笑の作者策伝は又狂歌を能くした。その遺著、策伝和尚送答控を見ると

壬申元旦　　　　　　　　　　　　　　　　　　　　　　策伝

老松に若緑たつ春のいろ千代に八千代もふる天下

とある。之は「君が代」の歌を下に踏んでの詠に相違無い。狂歌の集、「吾吟我集」は石田未得の撰で慶安二年の刊行である。その序に

さゞれ石のいはほとなりて苔のむすめ子どもりうたつを吟じ、つくば山の七ツ石にかけてひやうしをとり

とある。これは「苔のむす」までをとって「むすめ子ども」と掛詞にしたのだが、単にそれだけでなく、その娘子どもが「りうたつ節を吟じ」たという。そのりゅうたつ節の最初の歌は「君が代は」の歌だからその詞を先ずあげて「さゞれ石のいはほとなりて苔のむすめ子ども」と冠したので頗る巧みなとり方である。又蜀山人の狂文を集録した「四方の留粕」にある狂歌新玉集の序の中には

名つけて新玉狂歌集といふ、かくおとがひをときぬれば、飛鳥川のふちはせゝらわらふ
ともさゝれ石のいはほとなりてこけたふるゝほどうま人のうまきわらひや

とある。之は古今集の仮名序をもじったものだが、「君が代」の歌を利用したものであることはいうに及ばぬ。又狂文吾嬬那万俚（二冊、文化六年）は六樹園石川雅望の文を録したものであるが、その上巻の「烏亭焉馬六十賀」には

武内三浦の大助を短命なりとそしり、それより仙術を以て千年の坂にいたり、亀山の山によぢのぼり、東方朔が桃を盗めるは我なりとありて億万歳を掌ににぎらんことさゝれ石の巌とならんより易とよろこび

とあり、下巻の三陀羅法師会集には

今年の春、人々をつどへて初春祝といへるざれ歌をあつむと聞きて、野中の清水さしぐみに例のあやしき言の葉をつゞけて、千代に八千代にさゝれ石のといと軽少なるいはひ言をのべつ。

とある、この下巻のは「さゝれ石のと」で、止めて、その「さゝれ石」の軽少なるいわい言と、洒落たのである。又鯛屋貞柳（たいやていりゅう）はその狂歌集「家つと」その他に見ゆる狂歌に

　二日灸
人の命千代に八千代と二月にも筆試る灸の天筆
御寿分は千代にやちよにさゝれ石の堅う見ゆるはうたかひもなし

　娘の十三回忌
さゝれ石の千代に八千代とそたてしに卒都婆に苔の娘はかなや

とあるなどもこの類だが、ここには皆年寿に関してのみ用いているのは貞柳の学殖の深きによるものと見らるる。

俳諧に於いてもこの歌を付合（つけあい）に往々用いたものである。西鶴の俳諧大句数（おおくかず）第三の裏に

けつまつく二条通の細少石
しつかによめやれ君か代の歌

又物種集（ものだねしゅう）に

なけかねをしてわたる君か代　堺成　安
唐網のいはほと成てさゝれ石

というのも見ゆる。大体かように利用するのは檀林に多く、蕉風以後には稀な様である。下にあぐる麦林集の

君が代や猶も永字の筆はじめ

もこの類に入るべきであろう。

以上の外（ほか）地方地方の俚謡（りよう）にも利用せられていたことを見る。明和八年に諸国の民謡を蒐録（しゅうろく）した山家鳥虫歌を見ると、その上巻河内国風に

君は八千代にいはふね（岩船）神のあらぬかきりはくちもせん

備前国風に

千世にやちよにみよをさまりてなみもしつかに四つの海

とあるのは共に「君が代」の歌を基にしたものであろう。伊勢国菰野(こもの)の碓挽歌に

碓(うす)よ回れよ、どんどと落ちよ、君が代碓は何時(いつ)までも

とあるは「君が代は千代に八千代に云々」とあるに基づいて、その碓を祝いて「君が代碓」と云ったものであろう。伊予国宇和島藩の藩主が船に乗る時の御座船歌というものは、その曲が六種あり、歌は長短種々あって、凡そ九十首許(ばかり)ある。そのうち、その第六曲、葉歌というものの一として

君か代は千代に八千代にさゝれ石の岩ほとなりて苔のむすまでも、嬉し目出たあのゝ、ゑいそりや、わかえだも、ゑいそりや、ゑい〳〵サン栄えるのんゑい、ヤウハハ葉もほんー

というのがある。これは全くこの歌を俚謡にとりなしたものである。土佐では巷謡篇下に

吾川郡猪野村神祭歌

天神祭礼九月十八日神幸時道ニテ神輿ヲ昇者異口同音ニ謡

ちりへつぼふさゝれ石、いはほとなるまで祈るなり

とある。かように神の祭礼歌に唱うるのは薩摩国熊毛郡（種子島）にある。それは

君が代は〳〵巌となりて二葉の松に折りそへて千代のはじめは〳〵さゞれいし、さゞれ石、いはほとなりて二葉の松に折りそへて千代のはじめは〳〵

とある。これは文詞が支離してはいるが、君が代の歌を骨子として潤色したものであることは著しいのである。而してこれは今日も謡われているという。

祭礼に「君が代」の歌を唱えるのは当然の事というべきだが、盆踊の歌にも亦往々用いられた。その古い例は延宝三年書写踊歌にその「かつこ」の曲のきりに

月もさやけき秋のよになみかぜしづかに内おさまりて、よゝのさかへわさゝれいし、い

わをとなりてこけのむすまで

とある。これは君か代の歌の第三句以下をとっている。又、貞享元禄比（ごろ）、京都にて流行した盆踊歌を録した「今道念都踊くとき」というものに

○まん上神おろし

七不思議とは亀の井の千代に八千代を苔のむすまで目出たさよ

とあるのである。之は明かに「君が代」の歌を基として作ったものである。又備前国岡山の盆唄は上の山家鳥虫歌に見ゆる

千世にやちよにみよをさまりてなみもしつかに四つの海

とあったといい、薩摩の兵児謡（へこうた）には

千代にな、八千代にふるとも動かしまい、君が治むる国ぢや程に

と謡ったという。而して之はその国での盆踊にも謡ったという。

この「君が代」の歌は古から正月の祝い歌として用いられた事と思わるる。「千代田大奥」には正月三ケ日、徳川将軍の御台所の御手水の式を記しているが、その記事は

お装束終りて後当番の中﨟御坐の間に注連飾りしたる白木造の盥と湯桶とを備へ御案内申上ぐ。軈てお着坐の後中﨟は湯桶を取上げる御台所は手を出し湯を受くる真似して

君が代は千代に八千代にさゝれ石のいはほとなりて苔のむすまで

と唱へ、扠て両手を額際迄上げて御拝す。是れ御清めの式也。

とある。これは将軍の御台所の行事を記したのであるが、惟うに、かようの事は単に将軍家のみに止らず、公家や大名の家庭には似た様な事があちこちに行われたものと思う。芭蕉七部集の一なる春の日の「蛙のみ聞いてゆゝしき」の巻の名残の裏にある付合の

我春の若水汲みに昼起きて　　越　人

餅をくひつゝ祝ふ君が代　　旦　藁

の旦藁の句もこの「君が代」の歌を祝いとして唱えたことを云ったものであろう。多くの注釈家この「君が代」をばその賀歌を唱えたということを知りてか知らずてか、その委しい説明にしても「平生物固ければ、出入先の家より頼まれて年男をつとめ、暁方に帰つて一寝入し、昼頃起きて若水くみ神棚祭り（これまで前句の意による）それより女房の給仕に緩々と雑煮餅食ひながら先は結構の初春ぢや、これ皆泰平の御代の御恩といふものぢやと聞え覚えの文句並べて女房に聞かせる体である」（以上は小林一郎著七部集連句評釈の文）というに止まる。その聞き覚えの文句とは何をさすのか一向明白に示していないのは不親切というべきであろう。之は即ち初春正月の祝賀の歌として「君が代は」の歌を口中に唱えて祝いの箸をとつたことを歌ったものであることは疑うべくも無い。又正月の吉書初め即ち俗にいう書き初めにもこの歌を用いたものである。玉田永教の著した年中故事巻二吉書始に

本朝家毎に書初の歌

君か代は千代に八千代にさゝれいしのいはほとなりて苔のむす迄

長生殿裏春秋富、不老門前日月遅

と説いてある。これはずっと上に説いた和漢朗詠集の祝賀の詩歌（四首のうち）であり、こ

こにも朗詠集の血脈が流れているのを見る。この書は寛政十二年のものであって比較的に新しいものだが、古来の風習を説いたものである。されば、鹿児島藩主島津重豪（しげひで）が吉書の

長生殿裏春秋富、不老門前日月遅
君か代は千代に八千代にさゝれ石のいはほとなりて苔のむす迄
宝暦十二年正月元日　　重豪（花押）

とあるもの、又同じくして末に

明和二年正月元日　　重豪（花押）

とあるものが同家に保存してあるというのである。又蕉門の俳士乙由（おつゆう）の麦林集を見ると

君か代や猶も永字の筆はしめ

という句がある。筆はじめは吉書初のことである。これも「君が代」の歌を書初めにしたこと、而（しか）して「千代に八千代に」の心を永字ノ法に因んで永の字に託して云ったものであろ

う。即ち書初めにこの歌を用いることが古くから行われていたことを知るのである。

薩摩では藩主が書初めにこの歌を書いただけで無く、上に述べた通り祭礼や盆踊に用いた外薩摩琵琶の歌にも用いている。

薩摩琵琶は薩摩地方に於いて発展した一種の俗楽である。之は平家琵琶の亜流かと思わるれど、琵琶は平家のよりも小さく撥は黄楊木で作り、甚だ大きく声調も強烈である。古鹿児島藩で慶長の頃から士風維持の為に奨励したもので、士人の盛んに演奏したものであった。その薩摩琵琶で演奏する詞曲は大抵長い曲であって、それには遠近、五倫、花の香、小町、玉章、似我、墨絵、老曾の森、鴛鴦の夢など数多ある由である。そが中に蓬莱山という曲があるが、この曲の詞には「君が代」の歌が引用せられてある。

蓬莱山

目出たやな、君が恵は久方の光長閑けき春の日に、不老門を立出でて四方の景色を詠むれば、峯の小松に雛鶴すみて谷の小川に亀遊ぶ。君が代は千代に八千代にさゞれ石の巌となりて苔のむすまで命ながらへ雨塊を破らず、風枝を鳴らさじと言へば、又堯舜の御代もかくあらん。かほど治まる御代なれば千草万木花咲き実る。五穀成熟して上には金殿楼閣の甍を並べ、下には民の竈厚くして仁義正しき御代の春蓬莱山とは是とかや。君が代の千歳の松は常磐色変らぬ御代の例には天長地久と国も豊かに治まりて弓は袋に剣は箱に納め置く。諫鼓(かんこ)苔深うして鳥もなか〱驚く様ぞなかりける。

ここには「君が代」の歌は全章そのまま取り入れてある。そうしてその前後にめでたい事をさまざまに叙して加えてあるが、その中心は「君が代」である事は疑うべくも無い。「君が代」の歌はその本質として祝賀の意を奏するものであるから俚謡でもその本質を失っていない。即ち俚謡にも祝賀の意を表するに用いられたのでそれは田舎に多く残っていたようである。さてここに特に注目する一の事柄がある。それは伴信友の著した古詠考に伝うる事柄である。曰わく、

若狭の風俗に春の始また節供などいふ日に盲女のものもらひにありくが門に立て

君か代は千世に八千世にさゝれ石の岩ほとなりて苔のむすまて

の歌をうたふが、大かた彼御詠歌のふしと異ならねど、をりからのほぎ歌なれば、うたふ声もきくこころもあはれににぎはゝし。

とあり、その注に

老人の云、むかしは今よりもみやびてきこえたりといへり。おのれがいとわかゝりし頃聞たりしと今はまたいやしく童歌のかたにちかくなりたり。

とある。これは天保頃のことで、今から百年前の話である。「君が代」の歌が「盲女のものもらひ」に唱うる歌となりてあったとは驚くべきことで、一面からいえば一種の冒瀆のようだけれど、見地をかえて考えれば、如何にその歌が普遍化し又日常の生活に同化していたかをトするに足る点もあって、我々にこの歌が如何に民俗に同化融合していたかを語るものといわねばならぬ。

以上種々の方面から古来の事実を観察して来たのである。この歌は本来は年の賀の歌であったが、その年の賀の場合はもとより、それから次第に意味を拡めて汎く祝賀の意の表示に転用せられ、鎌倉時代からは神の祭にも仏会にも用いられた。もっとも仏会には興福寺の延年舞に用いられたのが、最初かどうか知らぬが、今日知られているのでは最も古い。そうして延年舞とは遐齢延年（かれいえんねん）の意で、年寿を祝する精神のものだから、この歌の本意に合することは明かである。かようにして次第に進んで宴席の祝言に用いられ、更に広くなりて俗間の俚謡として碓唄にも船謡にも盆踊の歌にも兵児謡にも、はては物貰の門附の謡としても用いられたものであり、更に又謡曲浄瑠璃、小説、狂歌、俳諧等の文芸の上にも利用せられたもので、その及び至る範囲は甚だ広汎である。時代でいえば一千有余年の昔から今日まで所でいえば京畿から四国九州更に南海の孤島まで、社会の階級からみれば帝王より乞食に至るまで、而して文芸上あらゆる方面に行き亙りて用いられ、祝賀の歌としては時と処と階級とを超越しているものであることを見るのである。

十一　明治以後のこと

明治以後の事は目前の事だからこと新しく説くまでもあるまいと思うけれど、いろいろ誤解訛伝もあるようだから、少しく説くことにする。

明治の初期は欧米文明の輸入に日も足らぬと共に旧物破壊の思想が勢を逞くしていたから、この「君が代」の歌など顧みるものが無かったので無いかというに必ずしもそうでは無かった。

吉備楽というものは明治五年に岡山の池田藩の楽人岸本芳秀の創めたものである。その中に「君が代」の曲がある。その詞章は

君が代は、君が代は、千代に八千代に、さゞれ石の、巌となりて、苔のむす、限りなき世と、なるみ潟、誰も願ひは、みつしほの、外つ国までも治まれる、今の御代こそ楽し

けれ、今の御代こそ楽しけれ、かゝる目出度き御代なれば笛竹鼓琴の音に調べ合せて舞ひ遊ぶ。

というので、「君か代は」の歌を基として敷衍（ふえん）したものである。

明治十年に新作せられた忠臣蔵年中行事という歌舞伎の脚本がある。之は三世河竹新七の作で明治初期の脚本として著しいものである。これは十年五月に東京春木座で上演せられたが、中々の好評であって、すぐ翌月同座で之を増補して「忠臣蔵後日実録」と題して上演したのであった。

之はその十二幕を一月から十二月までに配当して脚色したものであって、その第六の幕六月は祇園町祭典の場である。この幕のはじめには清元の浄瑠璃で所作をする場があり、その所作が済んでから、いろいろの立廻りになるのである。その浄瑠璃はすべてで九段あり、その一段ごとに所作がかわる。今、繁を厭（いと）い、第九段の外は全文を略してその首尾だけを示すと、

(一) 万代をひくや小松の深緑……祇園祭りの神いさめ

(二) 抑若菜を進むる事……若紫の花衣、君の祝して一奏（ひとかなで）

(三) いざさらば立舞ふ袖を飜へし……春鶯囀（しゅんのうでん）の声すみ渡る万歳楽、妙なる調曲（しらべ）とかや

(四) 今日の御幸の御供先……中へひよつくり酒機嫌、割込み酔に浮かれ節
(五) 男松一人で女松を引いて……衛士の遊びの面白や
(六) 目見栄染めにしたびらこに……夜半の契も十返るや、睦まじいではないかいな
(七) 今度此度東の御供……小褄きりゝと引上げてしとゝん〱並よく揃ふお先みえ
(八) 傘をさすなら春日の山よ……鐘も撞木の当り傘、目出さよ
(九) 国も豊に秋津洲の千代に八千代にさゝれ石の春木を祝す御祭典、櫓の栄えそ目出度けれ

であり、その下には注して

トちらしの留り、家主出て拍子木を打つ。これにて又渡り拍子になり、この人数残らず、底抜について上手へ入る

とある。即ちこの時に「君が代」の歌が古来のしきたりの通りに利用せられているのである。

明治十二年に文部省が設けた音楽取調掛から明治十四年十一月に小学唱歌集初編を出版した。その内に「君が代」と題する編がある。今その詞章だけを次に示す。

第二十三　君が代

一

君が代は　ちよにやちよに
さゞれいしの　巌となりて
こけのむすまで　うごきなく
常磐かきはに　かぎりもあらじ

二

きみがよは　千尋の底の
さゞれいしの　鵜のゐる磯と
あらはるゝまで　かぎりなき
みよの栄を　ほぎたてまつる

というのである。之は「君が代は」の歌を基として敷衍したものである。即ち之も亦古来の慣例のように「君が代は」の歌を利用応用したのであって、その作者の心は徳川時代以前の文芸作家の心そのままの継承である。それ故にこの「君が代は」の歌に対するわが国民の態度は旧来のままであったことを知るべきであるが、それと共に「君が代は」の歌の国民思想に溶けこんでいる有様を見るべきである。

十二　国歌ということの始まり

「君が代」の歌は今国歌と信ぜられている。然るに上にあげた小学唱歌集にはその「君が代」の歌をそのまま用いずして詞を補足し、更に新たな歌を作り加えている。之は国歌を扱う態度といわれぬ。国歌として仰ぐ以上、それに余計な詞を加えたりするのは冒瀆となるでは無いか。之を以て見ると文部省も音楽取調掛も明治十四年の頃には之を国歌とは思っていなかったと考えらるるのである。

文部省ではその頃別に国歌をば新に撰定しようと企てたことがある。文部省で編纂した文部省沿革略というものの明治十五年の条に

一月　音楽取調掛ニ於テ国歌撰定ニ着手ス

とあり、之に照応するものとして、明治十七年二月に音楽取調掛長伊沢修二が文部卿に提出した音楽取調成績申報書に

明治頌撰定ノ事

と題する一章があり、その冒頭に

明治頌ノ撰定ハ始メ国歌ノ資料ヲ撰定スルノ旨趣ニ出デタリ、其命ノ下リシハ実ニ明治十五年一月ナリ、抑国歌ノ事タル聖世ノ大典ニシテ其与カルトコロ至重至大ナレバ妄リニ断了スベカラザルモノナルヲ以テ汎ク海外各国々歌及ビ其史伝等ニ拠テ彼此参互深ク之ヲ研究セシニ、彼国々歌中ニハ人心ノ向背ヲ決シ邦国ノ禍福ニ与リ億兆ノ幸否治道ノ進退ヲ来スニ至リシモノ尠シトセズ、是ヲ以テ先ヅ尊王愛国ノ大義ニ基キ汎ク古今ヲ斟酌シ明治聖世ノ隆徳ヲ発揚スルヲ以テ主義ト為シ得ルトコロノ歌按六篇ヲ以テ其三月中之ヲ文部卿ニ呈シ、其体裁内定ヲ請ヒシニ果シテ本掛ノ所見ニ違ハズ右ノ体裁ヲ以テ更ニ一層精撰シ速カニ撰定ノ功ヲ竣ヘ稟申スベキノ旨ヲ得タリ、是ニ於テ乎国歌資料撰定ノ体裁相決シ更ニ規摸ヲ張リ上ハ歴代ノ天業ヨリ下ハ勤王愛国ノ偉勲ニ至ルマデ普(あまね)ク古今ノ故事故実ヲ綜核シ国体ノ在ルトコロヲ研究シ、且本邦和歌ノ作法雅俗楽ノ規則及ビ西楽ノ理法ヲ商量シ尊王愛国ノ大義ニ基キ拮据黽勉(きっきょびんべん)サラニ得ルトコロノ歌按四篇ヲ以テ次ク四月之ヲ上申シタリキ

と説いている。かくてその按に就いて述べて後

本按ハ方今ナホ裁定中ニ属スルヲ以テ目下其何如ヲ開報スル能ハザルハ遺憾ナリト云べシ

と述べている。その明治頌というものの歌按六篇というものも伝わっているけれど、その四篇というものは上述の如く公には知られぬ。かくてこの「明治頌撰定ノ事」の末に

若シソレ此明治頌中明治聖世ノ大徳ヲ発揚シ愛国ノ士気ヲ奮興スルニ足ルアリテ他日我邦ノ国歌ト為ルアラバ誠トニ鴻業ノ余光ト云べシ

と結んでいる。しかしながらその明治頌というものは世に公にせられずに終ったのである。かくの如く文部省は初め国歌を新たに作ろうとしてしかも成功せず、随(したが)って明治十七年には文部省に於いて国歌なりとするものがあるとは認めていなかったと見なければならぬ。然(しか)らば「君が代」の歌はどうして又何時(いつ)国歌になったのであろうか。経済雑誌社から出版した日本社会事彙という書がある。明治二十三年九月に初版を出し、明治四十年十二月に訂正第三版を出した。その三版の本には

コクカ　国歌　西洋各国には各国歌(ナショナルソング)あり。我国にては「君が代」の曲を国歌とす。古今集賀の部に題不知、読人不知（我か君は千代に八千代云々とあり）「君が代は千代に八千代にさゞれ石のいはほとなりて苔のむすまで」なる古歌を取り曲は明治十二年の頃当時宮内省の一等伶人たりし林広守の作なり。また此曲の調和は同省雇教師独逸国人フランツ、エッケルトの手に成りしものにて其後国歌に選定せられたるものなり（孝雄云、上文中に調和とあるは今いう和声なり）

とある。ここに今日いう国歌としての「君が代」の曲の出生を見るのであるが、「其後国歌に選定せられた」というのは漠然たることで、これだけでは直ちに首肯せられぬ。次に上の文にいう所の重要な事項を顧みることにする。

先(ま)ず林広守(ひろもり)がこの曲を作ったことを調査すると、之は宮内省がもとで無く海軍から起ったことだという。即ち、明治十二年に海軍省で国歌の必要を認め、宮内省の雅楽課にその作曲を依頼したというが、それは下にいうように明治十三年の事である。しかも、この際どうしてこの「君が代」の歌を海軍省が採ったかということも問題である。そこで、更にそれらの事情をも考えねばならぬ。

明治四十一年十月二日発行の新体国語教本（藤岡作太郎編）巻七の「君が代と大和心」と題

する章に

君が代の歌はもと古今和歌集に読人知らずとして出でたり。明治の御代となりて後、わが国に来れりける西洋人某の、かの国々には国歌といふものありて国民の心を述べ、士気を励ますなるに、この国には未だ定まれるものなきこそ残念なれと語れるに、ある士官のわが故郷なる鹿児島あたりの田舎には祭礼の折などに君が代の歌を謡ふなり。これを試みたらばいかならんといふ。それこそとて曲譜をつけて陸軍に用ひたるが、やがて全国に拡まりてなくてかなはぬ奉祝の歌となりぬ。耳慣れてはあれど、その一節を聞く毎に君を思ふ心の誠は春の潮の如く胸に漲るぞかし。

とある。これで、「君が代」の歌が採用せられたはじめが大略わかって来た様だが、之は海軍から宮内省に作曲を依頼したのだと伝えられているのに、上の文では陸軍に用いたとある。それらの事を明かにしておかねばならぬのみならず、その「ある士官」とは誰であるかをも明(あきら)かにせねばならぬ。なお上文に「耳慣れてはあれど云々」とあるのは異論を挟まねばならぬ。耳慣れて珍らしく無いというは国歌にふさわしく無いとでもいう事か。この歌は一千年前から我々の生れぬ前から、伝わって世々謡い来った歌で耳慣れているといえば、これほど耳慣れている歌は他にあるまい。ここには耳慣れては感慨の起り難いというような口ぶりであるけれど、それは寧ろ逆であってこれは耳慣れて一千年も伝えられて来たからこそ聴く者の感興がおのずから油然と湧き出でて止むることが出来ず、国民個々がおのずから一致した感想を生じ、誰も誰も共鳴したからこそいつとなく国歌となってしまったのでは無かろうか。

さて上の文にいう「ある士官」とは誰であるか。別に伝うる所では後に元帥になった大山巌がその人であったという。それらの事はなお委しく知らねばならぬ。

出雲路敬和の「古楽の真髄」の国歌君か代の解義のはじめに「フェントンの作曲」という項にいう所は国歌の起源に稍明確な指示を与えているように思わるる。その文に曰わく

明治二年十月ごろ、当時横浜の英国公使館を警衛するイギリス歩兵隊の軍楽長として在留してゐたジョン・ウィリアム・フェントンの下にあつて、鎌田新平の引率する薩摩藩の鼓隊員卅名が軍楽を伝習してゐたが、この伝習生を通じ薩藩砲兵隊長大山巌（後の元帥）に対してフェントンから儀礼音楽としての国歌制定の建議があつた。そこで大山隊長もこの必要を痛感し、直に御親衛大隊長野津鎮雄・少参事大迫喜右衛門・藩兵大隊長川村純義等と相談して、平素自分等が愛誦してゐる琵琶歌「蓬萊山」に引用せられてゐる「君か代」の歌詞を選び出し、楽長鎌田新平を経てその作曲をフェントンに頼んだのである。フェントンは通訳の薩藩士原田宗助がよく歌つてゐた「武士の歌」の旋律を参

考にして、上図の曲譜に見るやうな五音音階の幾分日本風旋法を加味したものを作り上げた。(その曲譜はここに略する、又原田宗助は薩摩藩士、後海軍造兵総監に至る)

とある。これが「君が代」の歌の洋楽の曲譜にのったはじめであり、又それが国歌となるべき途に上った時であったと思わるる。

ここに琵琶歌「蓬莱山」に引用せられている「君が代」をとったとあるのは真実であろう。又国語教本に「わが故郷なる鹿児島あたりの田舎には祭礼の折などに君が代の歌を謡ふなり、これを試みたらばいかならん」と云ったのも彼の種子島の祭礼の歌を見れば真実であろう。恐らくは甲が蓬莱山の歌から乙が祭礼の歌からそれぞれそれを想い就いて相互に一致してそれを選定することになったであろう。和田信二郎氏もその著「君が代と万歳」に

薩藩の人々の耳には子供の頃から神舞や琵琶歌で「君が代」の歌が親しまれて居、其の薩藩の人々が明治の初年各方面の要路に居られたのでありますから、国歌には何がよいかといふ問題が起りますれば、それは期せずして「君が代」の歌が誰人の口からも言ひ出されるのではなからうかとも思はれるのであります。

とある。

上述の場合にこの「君が代」の歌を選んで軍楽にしたのは誰であるかという事に就いては海軍大輔川村純義（後の伯爵）だとかその他いろいろの説はあるが、多くは根拠が無くて信ぜられぬ。やはり、その時の砲兵隊長大山巌であったことは正確な事らしい。後年和田信二郎氏がその事実を確めておくべく大山元帥にそれに関しての質問書を差出した所、元帥副官林田芳太郎から大正元年十月九日附で

国歌ニ関シ大山元帥閣下ノ談話

と題した覚書を送附した由で、その全文は和田氏の前記の著に採録してあるからそれを見ればわかるが、ここにその要点を抄出する。

外国ノ陸海軍ニハ各々軍楽隊ト云フモノガ有ルニ我国ニ此頃マデ、マダ、其レガ無カッタカラ、新タニ、之ヲ置カネバナラヌト云フノデ、年齢十六七歳バカリノ青年二三十名ヲ選ンデ横浜ニ遣リ、同地在留ノ英国軍楽隊ニ就キ練習セシメタ。

其時、英国ノ楽長某（姓名ヲ記憶セズ）ガ、欧米各国ニハ皆其国々ニ国歌ト云フモノガ有ッテ、総テノ儀式ノ時ニ其楽ヲ奏スルガ、貴国ニモ有ルカト、我ガ一青年ニ問フタ、青年ガ之ニ答ヘテ、無イト云フタレバ、楽長ノ曰ク、其レハ貴国ニ取リテ甚ダ欠典デ在

ル、足下宜シク先輩ニ就イテ国歌トモ為ルベキ歌ヲ作製スルコトヲ依頼スベシ、然ラバ予ハ之ニ作譜シ然ル後其歌ヨリ教授ヲ始ムベシト。此ノ談示ヲ受ケタ青年ハ、薩藩ヨリ出タ江川与五郎ト云フ軍楽練習生デ在ツタガ、早速自分ノ許ニ来テ此話ヲ伝ヘタ。

当時御親兵ノ大隊長ハ野津鎮雄デ、薩藩ヨリ東上シテ居タ少参事ニ大迫某ト云フ人ガ居タガ、此江川与五郎ノ来タ時、適々野津大迫両人ガ来合ハシテ居テ、共ニ其話ヲ聴キ、成ル程我国ニハマダ国歌ト云フモノガ無イ、遺憾ナ事ダガ、是レハ新タニ作ルヨリモ、古歌カラ択ラビ出ス可キデアルト云ツタ。

其時自分ガ云フニハ、英国ノ国歌 God save the king.（神ヨ我君ヲ護レ）ト云フ歌ガアル、我国ノ国歌トシテハ宜シク宝祚ノ隆昌天壌無窮ナラムコトヲ祈リ奉レル歌ヲ撰ムベキデアルト云ヒテ平素愛誦スル「君が代」ノ歌ヲ提出シタ。

之ヲ聞イタ野津モ大迫モ、実ニ然リト、早速同意シタカラ、之ヲ江川ニ授ケテ、其師事スル所ノ英国楽長ニ示サシタ、自分ノ記憶スル所ノ事実ハ右ノ通リデアル。其後如何ナル手続ヲ経テ、国歌ヲ御制定ニ為リシカ、其辺ノ事ハ承知シテ居ラヌ云々。

とある。之に就いて我々は頗る重要な点があることを忘れてはならぬ。その一は英国の楽長が「国歌トモ為ルベキ歌ヲ作製スルコトヲ依頼スベシ」と云ったこと。その二は大山巌が

「君が代」の歌を示させたのは国歌ともなるべき歌として示したのであったので之を国歌と定めたのでは無かった。それ故に大山はその下に「其後如何ナル手続ヲ経テ、国歌ヲ御制定ニ為リシカ、其辺ノ事ハ承知シテ居ラヌ」と云っているのである。これは正しくいえば国歌の候補選定というべきことで、之を以て直ちに国歌の制定とするのは早計である。

さてその後、その曲をどう取扱ったか。「古楽の真髄」は上の文につづいてその曲を批判してそれに次ぎ、次の様に述べている。

鎌田楽長はいづれ改作する必要はあるが取敢へずこの曲を採用し、翌明治三年九月八日、今の東京市深川区の南端にある埋立地越中島における薩長土三藩兵御親閲の盛儀に際し、薩摩軍楽隊の演奏によってはじめて天聴に達するに至つたが、このフェントン作曲のものは明治九年十一月三日の天長節を最後に廃止せられてしまつた。

とある。これはその曲譜の廃止せられたことを告ぐるのである。しかしながら以上の事全体に亙り、大なる疑問がある。

疑問の第一は海軍の伝うる所と矛盾するからである。明治二十年十二月に海軍省が編纂した海軍省記録に

海軍々楽隊沿革資料

というものがある。それには

明治二年九月鹿児島藩兵ノ上京シテ神田一ツ橋内ニ屯在ス（三十二人ヲ以テ一隊トナス）横浜屯在英国十番聯隊楽長フェントン氏ニ就キ軍楽ヲ為サシムルコト凡一ケ年間、其ノ間伝習ノ楽譜ハ僅ニ英国女皇ヲ祝スルノ曲、早行進、遅行進、及国歌君カ代等ナリ。

明治三年四月十七日、駒場野ニ於テ諸藩兵ノ操練ヲ　天覧シ給フニ当リ、奉祝スヘキ国歌ノ譜ナキヲ以テ、フェントン氏ヲシテ君カ代ノ曲譜ヲ編製セシメ、以テ吹奏ス。（蓋シ、西洋楽器ヲ以テ国歌ヲ吹奏スルハ是ヲ始メト為ス）

とある。（ここに前後の文に関係があるから参考の為に、上の文の「三十二人云々」に就いて小田切信夫氏著「国歌君が代講話」を見ると、その実は三十名であったと云い、その氏名とその所役をも明かにしている。それは東京築地横須賀海兵団軍楽隊所蔵の軍楽隊沿革史によるという。而(しか)して、その頃楽長役は差引人といい、鎌田真平が之に当り、幾許(いくばく)も無く辞して、西謙蔵がその後をついだ。又後に海軍軍楽長となり、海軍軍楽隊の基礎を築いた中村祐(すけ)

庸(つね)もその一人で、当時長倉彦二という名で十八歳であった。又後に陸軍軍楽隊長となり、陸軍軍楽の基礎を築いた四元義豊もその一人で当時平四郎という名で十八歳であったという。)

さてここに引いた海軍々楽隊沿革資料の記事は上にいう「古楽の真髄」の説く所と同じく「君が代」の曲の事を述べたのであろう。当時は未だ陸軍海軍の区別が明かに立てられなかったから、右様の事は、あり得べきことである。しかしながらその二年の記事には「君が代」の曲は既に出来ていた様に見え、三年の記事にはこの年に作曲せしめたように云っている。而して大山巌の話では二年十月ごろ、その曲が出来たように云っている。彼是(あれこれ)互に矛盾がある上に、大山巌の話では「国歌トモ為ルベキ歌」といい、海軍では国歌とはっきり云っている。それから又海軍省記録には

　　海軍　天覧之記

というものがあり、明治四年十一月二日に天皇が竜驤艦(りゅうじょうかん)に召されて海軍諸艦を親閲せられた記事がある。其の記事に「天皇ヲ迎ヒ(ママ)奉ルノ音楽ヲ奏ス」とあるけれども「君が代」を奏したとも国歌を奏したとも無いから、何ともいうことが出来ぬ。

陸軍の方の記録によると、明治十八年十二月に喇叭(らっぱ)譜の「君が代」が公布せられ（陸軍省記録、達乙第百五十四号）明治二十年一月陸軍礼式によって始めて其の吹奏の事が定められ

同時にオーシャン吹奏の条規を有する観兵式仮規則が廃止せられ軍楽に於ける君が代は明治二十年に規定せられたということである。その観兵式仮規則は明治十五年一月四日に達乙第一号として公布せられたもので、その規定では天皇の奉迎、親閲、奉送の時にはいつも喇叭「オーシャン」を奏するのである。即ち陸軍は明治二十年以前は「君が代」を吹奏せずして「オーシャン」を吹奏していたのである。

然(しか)らばその「オーシャン」とは如何なるものであるか。これは元来仏蘭西(フランス)語（aux champs）で仏蘭西軍隊で用いた敬礼の喇叭譜をそのまま用いたものである。その源は明治三年十月二日の太政官布告に海軍は英吉利(イギリス)式、陸軍は仏蘭西式を斟酌(しんしゃく)して編制することを告げている。それに基づいて軍楽隊も仏蘭西式に倣ったものであろうから、この「オーシャン」も陸軍が仏蘭西式によると定まった明治三年から用いられたのでなかろうか。鉄道省記録によれば、明治五年九月十二日、鉄道開行式に行幸の時

新橋鉄道館ニ行幸　門内右側ニ近衛歩兵一大隊ヲ横隊ニ布列シ　通御ノ節捧銃式ヲ行ヒ喇叭「オーシャン」ノ曲ヲ奏シ云々

と見ゆる。明治六年七月十三日公布の陸軍諸礼式の第十二条、天皇行幸の際には

兵卒ハ剣ヲ装シ銃ヲ捧ケ喇叭ハ「アウシアム」ヲ奏シ将校ハ剣ヲ以テ敬礼シ軍旗モ亦礼式ヲ行フ

と規定してある。明治八年一月七日達の「陸軍始式」には天皇に敬礼するに「但喇叭ハ「オーシャン」ヲ三回吹奏ス」とあり、明治十年十一月二日陸軍省達乙第百九十三号で明三日の天長節の諸兵隊分列式を天覧あるにつきての規定を達しているが、それにも「但喇叭ハ「オーシャン」ヲ三回吹奏ス」とあり、明治十二年一月十六日の太政官達第一号陸海軍会葬式のうち陸軍会葬式にも親王大臣大勲位等にある者には「オーシャン」を奏すべきを規定し、明治十三年検閲式等皆「オーシャン」を吹奏する規定である。それ故に陸軍海軍と区別を立てられ、陸軍は仏蘭西式海軍は英国式と定められてから後には陸軍はすべて「オーシャン」を用いて「君が代」は用いなかったことは明かである。

上のように考定して見ると、上に「古楽の真髄」にこのフェントン作曲のものは明治九年十一月三日の天長節を最後に廃止せられてしまった。

とあるのは、陸軍が廃止したのか、海軍が廃止したのか、又その他で廃止したのか、それらの点が明かでないが、陸軍は明治三年以後仏蘭西式に則ることになり、それより後礼式の奏楽は専ら「オーシャン」を用いていたから、明治二十年以前「君が代」とは直接に関係をもっていなかったと考えらるるのである。

そこで考えらるることは海軍が「フェントン」を雇音楽教師としていることとこの「君が代」の曲との関係である。フェントンの略歴に就いては和田信二郎氏の著書に説いてある。その大略

ジョン、ウィルヤムス、フェントン氏は英国人であつて、横浜屯在の英国十番聯隊の楽長でありましたが、明治四年十月から海軍省の御雇音楽教師となりました。契約は一年間宛で、期限毎に継続して雇はれて居りました。明治七年一月九日の海軍始に、天皇陛下が兵学寮へ御臨幸になりました時に、中下等士官として判任官席へ出頭の栄を得て居ります。海軍省では八年三月の満期に解雇する筈でありましたが、七年十二月から稽古を始めた式部寮で、俸給の半額を負担するといふ事になつたので、引続き雇継になりました。八年四月からは式部寮雅楽課の音楽教師に兼雇せられました。（中略）十年三月満期解雇となり、直ちに英国へ帰国したといふ事であります。

この文によると、フェントンは明治四年十月から海軍省の御雇音楽教師となったことになる

が、海軍省が出来たのは明治五年二月二十八日でこの日に兵部省が廃止せられ、その代りに陸軍省海軍省が設けられ、ここに海軍省が生じたのである。それ故に明治四年十月に雇われたのはまだ兵部省の時代で、その頃築地に海軍操練所が（明治二年九月）設置せられ後海軍兵学寮（明治三年十一月改定）となった。そこに教師として聘せられたのであろうか。そうして、海軍が英国式とはっきりきまったのは明治三年十月二日の太政官布告である。之によって考うるに、それから後は陸軍は仏蘭西式によるから、英国の軍楽を伝うるフェントンは専ら海軍に属することになったのでなかろうか。而してそれがそうときまればフェントンの伝えた軍楽は海軍に属することは自然のことであったのではなかろうか。かくして海軍がこの「君が代」の曲譜を引きつづき用いたのでなくてはならぬと考うる。

かように考えてくると、「フェントン作曲のものは明治九年十一月三日の天長節を最後に廃止せられてしまつた」ということは専ら海軍に於いての事と見なければならなくなる。

伝うる所によれば「君が代」の曲を初めて作った英国人フェントンという人は日本語を少しも知らなかった人だという。それでフェントンに伴っていた通訳の薩摩藩士原田宗助がよく歌っていた「武士の歌」（蓋し、これは福岡藩士加藤司書の作「すめらみ国のものゝふは如何なることをかつとむべき、唯身にもてる真心を君と親とにつくすまで」であろう）の旋律を参考にしたとは云ってもその譜は歌には少しも合っていなかったといわれている。それ故、明治九年に海軍軍楽長中村祐庸が海軍省に対して

天皇陛下を奉祝する楽譜改定の議上申

を提出した。その上申書の写が和田信二郎氏の著書に載せてある。その上申書は長文であるから要を摘んでいうと、先ず音楽の緊要の事であるを論じ次に欧米諸国に国歌の有ることを言い、さて現に用いる「君が代」の曲譜が我が国の詠謡する声節と妥当せず、聴者に何の感も興させずして不可なることを力説し次に

抑此ノ聖世ノ譜ハ、嘗テ鹿児島藩ニ於テ、楽隊創置ノ際、教師英人ヘントン氏ヲシテ欑造セシメシ所ニ係リ、当時同氏帰国ノ期至リ、殆ンド僅々余日ナキニ鑑ミ、校正ヲ加フルノ暇ナク、爾後亦之ヲ改訂スルノ挙ナク、黙許襲用今日ニ至レルナリ。因テ希クハ今更ラニ改訂ヲ加ヘ、宜シク音節ヲ正シ、以テ前述設楽ノ本意ニ適合セシメン事ヲ。別紙改訂見込書ヲ奉ル。

と述べている。その改訂見込書には四ケ条の意見があるが、その第一条は

現時我国人ノ詠謡スル声響ハ、毎地方其音節ヲ異ニスルヲ以テ、何レヲ以テ正トスベキ

ヤヲ断定スル極メテ難シ。因テ宮中ニ於テ詠謳セラル、音節ニ協合セシムルヲ以テ改訂ノ正鵠トナスベシ。

といい、第二条には改訂掛二名を宮内省へ出頭せしめ宮中の正音を伝習熟達せしむべしといい、第三条にはその熟達の後にはフェントン氏に依嘱して、その音節に協合すべき楽譜を造らしめようというのである。この文をよむとその曲を創めて製作したヘントン氏と、この第三条にいうフェントン氏とは同人か異人か判断に困む所がある。同じ人ならば、当時海軍の軍楽教師として在任していた。それが為に第三条の言があるのであろうが、不可解なのは「当時同氏帰国ノ期至リ云々」とある事である。この言はフェントン氏とヘントン氏とが別の人で無くては了解しかねる次第である。恐らくフェントン以前に別の人が在任していたのを後に忘れて同人の如く思うているのか知れぬ。かくの如く不可解の点もあるが「君が代」が明治の初めに薩摩藩の兵隊に国歌となるべき見込で英国人によって作曲せられて明治九年頃まで海軍に用いられて来たが、その曲が日本人の嗜好に適せぬもの、日本的の曲とは思われず、改定を望むという風になって来たことは明かに示された。

さて、その英国人によって作られた「君が代」の曲譜はここに海軍軍楽長の上申によって改定せらるることになったらしい。その事は上にいう明治九年の天長節に奏して後その曲譜は行われなくなったということと合致するようである。しかしながら、その上申した事が直ちに採用せられ実施せられたということを見ないのである。

明治十年四月十九日附で文部省学務課から海軍省へ宛てて

当省派遣米国留学生監督ヨリ御省楽隊ニ於ケル「君カ代ハ」之歌ヲ以テ西洋楽譜編製相成居候様伝聞候旨ヲ以テ請求方申越候間右等之書類有之候半者御回付有之度此段及御依頼候也

という照会を出している。海軍省は之に対して四月廿六日に了承した旨を文部省学務課に答えてその「軍楽隊ニ於テ編製之西洋楽譜壹通」を謄写して送っているその譜というものは如何(いか)なるものであったか今は伝わっていないので知る由も無いが、その頃中村の上申によって改定せられたということも聞かぬから、或はフェントンの作曲のままであったかも知れぬ。

又同じ明治十年八月九日附で外務大輔鮫島尚信(さめしまなおのぶ)から海軍大輔代理少将中牟田倉之助(なかむたくらのすけ)宛に

各在外公使へ差贈度候間御省楽隊ニ用ル日本国歌(ナショナルエーヤ)ノ譜各種六揃御送付相成度候也

という照会をなしたに答えて海軍大輔代理から外務大輔に宛てて「楽隊ニ用ル日本国歌之楽

譜各種六揃ツヽ」送る旨の回答をしている。ここにいう日本国歌とは何をさしたのか「各種六揃ツヽ」とあるは公使館六箇所に頒(わか)つのであろうが、各種とあるから一の曲では無く、幾つかの曲であったろうか。これも今日となっては知る由も無い。随って「君が代は」がその中に在ったか否かも明白では無いが、米国留学生監督の請求を参照して見ると、「君が代」もその一であったろうと推定してもよかろうと思わるる。それにしてもここにいう国歌とは一二の曲に止まらなかったようだ。それ故にここにいう所の国歌は今日いう所の国歌とは少しく意味が違うようである。

又和田氏の著書によると、

明治十年十一月、西南役に際し、戦地へ出張する文官に御陪食を仰付けられましたが、其の時に「君が代」が奏せられました。これが宮内省伶人によつて「君が代」が奏せられた最初であるといふ事であります。さうして宮中御宴会にて初めて奏せられましたのは、十一年十一月三日の天長節御宴会が最初であるといふ事であります。同年十二月十日雅楽稽古所日課開業式に「君が代」が奏せられ、それ以来稽古所の春秋二季の演奏会に於ては欧洲楽の初めに必ず「君が代」を奏する例になりました。

とある。この記事によると「君が代」の歌はこれより以前には宮中では歌われたことが無かったということになる。そうすると、延喜の昔の事はわからぬが、その以後宮中の関係者の間で和歌披講の稽古には和歌の標本として用いられたけれど、実際の祝賀としては用いられず、一千有余年の後はじめて宮中で歌われることになったものであると思わるる。そうしてその一千有余年の間生命を有して活潑にはたらいて来たのは専ら民間に行われたからである。そうしてそれは常識化して、その歌の起源などは問題にもならなかったのである。之を明治になって強いて国歌として復活せしめたなどと信じている人があるそうであり、なお甚しきは明治の太政大臣三条実美が作ったものだと聞いていたという人もあるのである。いずれも無稽の甚しいものである。

さて上に述べた通り、文部省が海軍省に「君が代」の楽譜を請求したのが明治十年四月であり、外務省が同じく海軍省に国歌の楽譜を請求したのが同年八月であり、宮内省で初めて君が代を奏したのも同年十一月であった所を以て見ると明治十年という年は「君が代」の歌にとっては特に注目すべき年であったように思わるる。そうしてその前年、九年に海軍軍楽長が「君が代」の作曲を改定して純日本式にすべきだという意見を上申している。その上申の結果は或は「君が代」の曲を上下一般に重んずる気運に向って来るようにしむけたのかも知られぬが、或は又上下一般にそういう気運に向って来た為に海軍軍楽長の上申も有ったのかも知られぬ。

海軍軍楽長の上申の趣旨により「君が代」の曲の改定の事が実現の緒に就いたのは明治十

三年であったようである。海軍省の記録によると、明治十三年一月三十日に軍務局長海軍大佐林清康から宮内省式部頭坊城俊政(ぼうじようとしただ)に宛てて

当局所轄軍楽科ニ於テ従来君ケ代之和歌ヲ楽譜ニ作リ奏楽致居候得共右楽譜誦歌之道ニ叶候哉其辺不相分又此後追々和歌ヲ以テ楽譜ニ調製致度、就而者御寮伶官之内誦歌之道ニ達居候者楽譜調制之為メ芝浜崎町海軍元兵営内軍楽科演習所へ出頭口授相成候様致度此旨及御依頼候也

という照会を発した所、式部助丸岡莞爾(かんじ)より承諾した旨を二月二日に軍務局長に答えている。これから後海軍軍楽科に於いて宮内省の雅楽稽古所の伶人に就いて学ぶと共に、「君が代」の曲譜を撰ぶことをも宮内省に依頼したのであった。それが、六月に至って決定したことは明治十三年六月廿九日に式部寮雅楽課から

兼テ御依頼有之候君カ代、ウミユカハ之歌撰譜相成候ニ付テハ唱歌其筋ニテ聴聞之上決定いたし候間当稽古所へ出張候様其節へ御達し相成度此段及御照会候也

と海軍省へ照会している。而(しか)して宮内省雅楽課記録には明治十三年七月一日の

海軍省ヨリ依頼之唱歌撰譜相成候ニ付供震覧候也

の記事がある。之によりてその曲譜の改定が成功したことを知る。次に海軍省記録には

陛下奉祝之楽譜改正相成度候ニ付上申

と標して明治十三年十月廿六日付で

陛下奉祝ノ為メ、従来吹奏致候君カ代之楽譜ハ以前鹿児島藩ニ於テ英人某ニ編製セシメタルモノノ由、然ルニ彼ノ英人我言語不了解ノ故ニヤ音調ノ緩急上ケ下ケ等未タ完全ナラサルヨリ聴クモノ掻痒ノ感ナキヲ得ス仍テ先般式部寮伶人ヲシテ綿密ニ修正セシメ過日教師エッケルトヲ始メ伶人立会之上唱歌調査仕候処緩急其度ヲ得、上下其節ニ適ヒ全ク善良無瑕ノモノト存候間本年天長節ヨリ別紙之通リ改正仕度候条御認可相成度候就テハ陸軍軍楽隊ヘモ関係致候儀ニ付右改正之儀同省ヘ御照会相成度此段上請候也

という上申を軍務局長海軍少将林清康から海軍卿榎本武揚へ提出している。即ちこの時か

ら、今ある「君か代」の曲譜が用いられたのであろう。この上申書には陸軍軍楽隊も関係しているといい、上申書の追伸にも

追テ過日唱歌調査之際図ラス陸軍々楽長ニモ陪席致シ全ク善良無瑕之旨申出居候間此段添申仕候也

とある。しかし、ここに疑問がある。小田切信夫氏の著によると、その軍楽曲改訂の委員として

海軍々楽長中村祐庸　陸軍々楽長四元義豊
宮内省伶人長林広守　海軍省傭教師フランツ・エッケルト

の四人が命ぜられたとある。陸軍軍楽長が正式の委員であったら、上の追伸の意味は分らなくなる。これは恐らくは小田切氏の云う所は誤りで、陸軍軍楽長は正式の委員で無く、唯、意見を徴せられた程度であったのであろう。

さて、以上の如く海軍から陸軍にこの「君が代」の軍楽の譜制定のことを通知したけれども、陸軍は積極的にこの事に関知する態度をとらなかった。即ち、その通知を受けても之を

用いるという回答を海軍に与えなかったようである。ただ海軍省のこの照会の趣を当時陸軍の軍楽隊を養成していた教導団に伝えたものと見え、教導団に於いて「改正之上吹奏すべき旨」を陸軍官房副長に回答していることを見る。かようにして、陸軍はその後もこの「君が代」を公式に奏したのでは無かった。その事は明治十三年十月八日達の明治十三年検閲式に「捧銃ヲナシ「オーシャン」ヲ奏ス」べきことをくりかえしているので明かである。

さてこの時から宮内省でも旧譜を廃してその年の天長節から新譜を用いて「君が代」の曲を奏したのである。宮内省雅楽課記録に

明治十三年十月廿六日

是迄欧州楽ニ相用候君ケ代ノ曲ハ其歌ヲ楽器ニ施シ候ノミニテ正調ヲ得サルモノニ付先般来海軍省楽隊演習所ニ於テ伶官ノ撰譜ニ基キ施ニ欧州楽器ヲ用、伶官出会曲調審査ノ末成楽候ニ付来月三日天長節ヨリ新譜相用是迄分相廃申度依而本省開申案相調譜面相添此段開陳候也

とあって

是迄欧州奏楽ニ相用候君カ代ノ曲ハ該歌ヲ楽器ニ施候ノミニテ正調ヲ得サルモノニ付別

紙撰譜ニ基キ、今般海軍省楽隊演習所協議ノ末、曲譜審査成楽候ニ付来月三日天長節宴会奏楽之節ヨリ新譜相用候ニ付此段開申候也

十三年十月三十日

とある。即ちこの年十一月三日の天長節より海軍と宮中とに於いてこの新譜が実施せられたのである。

十三　「君が代」の曲の制定

ここに頗る重大なことがある。それは薩摩藩の軍隊からはじまり海軍に伝わった「君が代」の曲は喇叭の譜、若くは広くしても器楽に止まっていたのであるが、今度の新曲譜は先ず唱歌の譜を撰し、後和声を施して器楽ともしたものであったということである。茲に到って「君が代」は国民の唱歌としての一定の譜を得たことで「君が代」の歴史の上から見ると、この明治十三年十一月三日は劃期的の重大な日である。我々はここにその譜の成立の事情を今少しく知っておくべきである。和田信二郎氏の言う所は

海軍軍楽の当事者は之を改訂したいといふ考を持ちました。改訂するに就きましては、

一体和歌といふものは、どういふ風に歌ふものであるか、和歌の歌ひ方を先づ以て知つておかねばならぬといふ処から、宮内省式部寮雅楽課の伶人に和歌の歌ひ方を習ひたいといふ事を、明治十三年一月三十一日付で宮内省へ照会になりました。宮内省では二月二日付で依頼の趣承知したといふ回答を発し、海軍の希望によりまして毎週水曜日・木曜日の両日に伶人を軍楽演習所へ遣はされました。

海軍軍楽隊では口授を受けて多少和歌の歌ひ方を会得するに至りました。そして其の年六月、国歌として「君が代」の歌に作曲して貰ひたいといふ事を雅楽課へ依頼致しました。雅楽課では課員三四人が各自に作曲して之を海軍に送りました。海軍では御雇教師独逸人フランツ、エッケルト氏を中心として一々之を調査し、一等伶人林広守氏の名によつて作曲提出せられた壹越調律旋のものを執る事になりました。そしてエッケルト氏によつて和声も出来ましたので雅楽課から林広守・一等伶人芝葛鎮・二等伶人東儀季熙・御用掛小篠秀一（注略す）の諸氏が立合ひ試演を致しました処、旋法は原譜のまゝで至極よろしくありましたが、律法が少し高くなつて居るので、原譜のやうに壹越調律旋に引直すやうに伶人側から意見の開陳があり、訂正試演をなし、折柄来合はせて居た陸軍軍楽長（四元義豊氏）も立合ひ、いよいよ整備して茲に完成致しました。それが十月二十五日でありました。

とある。即ち林広守が唱譜をつくり、エッケルトが和声をつくったのであった。

林広守は大坂天王寺方の楽人岡壹岐守昌但の三男で天保二年十一月大坂で生れた。幼くして林広就(ひろなり)の養子となり、養祖父林広済(ひろすみ)に業を受け、弘化元年（十四歳）に中芸の試験を受け優秀の成績を以て及第し、慶応元年（三十五歳）上芸の試験を受けて満点を得たという。上芸の試験に満点を得た例は試験法が制定せられて以来二百年間に五人しか無いということである。近世に稀なる笙の大家であったという。慶応元年六月正五位に叙せられ明治元年東京に出で大伶人に進み、明治二十一年雅楽部副長に進み、同二十六年隠退し、二十九年四月病を以て歿(ぼっ)した。享年六十六という。

この「君が代」の譜は名義は林広守となっているが、その実は「広守の長男林広季氏と奥好義(よしいさ)氏と二人の合作であります」と和田信二郎氏は伝えている。広季は少壮有為の偉才であったそうだが父の歿後僅かに二年で四十一歳で歿した。奥好義は南都方楽人奥好学(たか)の二男で安政五年に生れ、明治三年上京して雅楽局伶員となり、八年少伶人となり、十七年に雅楽師に任ぜられ、十七年より文部省の音楽取調掛の事に任じ後高等師範学校助教授等となり、音楽界に令名を馳せた人だ。和田氏は奥好義の談話を録している。それは

牛込御門内雅楽稽古所の玄関側に当直して居た晩の事であつた。広季氏と自分と両人で相談して作り、広守氏の名義にしておいたもので、実際の事をいふと、其の時には「君

が代」の歌に譜を付けるといふだけの考で、それが国歌であるといふ事は知らずに作つたのであつた。

というのである。なお和田氏が録している宮内省式部職楽部楽長芝忠重（しばただしげ）氏談話によると「楽部にては御大礼・御大葬などの場合に数名の者が各々作曲し、審査の上其の一が採用せられるが、それは其の人の作とせず、必ず楽長が代表者となり、個人の作曲とはしない慣例になつて居る」そうである。

フランツ、エッケルトは蓋（けだ）し、フェントン帰国後その後任として聘せられたのであろう。この人は独逸（ドイツ）人で明治十二年三月海軍省御雇教師、明治二十二年三月満期解雇になったが、十六年二月から文部省音楽取調掛教師兼務となり、十九年三月まで勤務、二十年四月から宮内省雅楽課兼雇となり、後宮内省専任となり、明治三十二年に帰国するまで勤務していた。

このようにして「君が代」に唱歌としての曲調と管楽器を奏する時の和声とが完成したのであるが、之を今日いう国歌と云ったのかどうかは疑問がある。それは何故かというに、明治十年八月に外務大輔の海軍省に照会した文書に「日本国歌（ナショナルエーヤ）ノ譜各種六揃」とあるのでその国歌は今日いう所と意味が違うし、奥好義氏も作曲の際「国歌であるといふ事は知らずに作つた」とあるのでも推測せらるる。

しかし、海軍省に蔵せらるるものには明かに

国歌「君ケ代」楽譜

と表紙に記し、その和声の譜の右側に

L. 25. 10. 80. F. Eckert,

と記してあることはその写真で明白である。八〇は一八八〇年（明治十三年）であるからその年十月二十五日にその譜を決定したことを記したもので、芝葛鎮日記明治十三年の条に

十月廿五日月、丁亥、晴

当夏海軍省ヨリ依頼ニ相成候日本御国歌君カ代墨譜撰譜相回シ置候処、同省軍楽部ニ於テ欧楽器ニ調整相成候ニ付為調査出張之儀依頼致来候ニ付本日午前九時同省軍楽稽古場へ出頭ス、広守、季熈、秀一、予等也、合奏聴聞之処旋法ハ原譜ノ如至極能出来候得共律ハ少々高ク相成居候ニ付如原譜壹越調律旋ニ引直シ之儀申入直ニ相改整頓致候也、十二時稽古所ニ帰ル

とあるに一致する。即ちその日エッケルトが之を清書して署名しておいたものであろう。

十四 「君が代」はいつ国歌となったか

明治の御代になって「君が代」は国歌と認めらるることになったことは上に述べた所で大略はわかるが、しかしながら国歌という考えを中心にしてそれが国歌になったものとして考えて見ると、上にいう所だけでは多少不十分の様に思うから、ここには国歌という考えを主として「君が代」の歌との関係を顧みる。

国歌ということに就いて、日本国民が初めて問題としたのは上にいう通り、明治二年に上京して神田一ツ橋内に屯在していた鹿児島藩兵が横浜に屯在中の英国楽長フェントンに就き軍楽を習った時にはじまる。和田信二郎氏の書に

明治三四年頃―大山巌氏が砲兵の隊長をして居られた頃―の事であつたといふ事でありますが、薩摩藩から軍楽練習生を二三十名ばかり募集し、それを横浜へ遣り、同地在留の英国軍楽隊に就いて練習させました。其の時英国の楽長はジョン、ウィルヤムス、フエントンといふ人でありまして、外国には国歌といふものがあるが、日本にはないかと申しましたので、練習生はないと答へました。すると、それでは先輩に頼んで作つて貰

へ、さうすればそれに譜をつけて、其の歌から教へてやらうと申しました。

とある。これは軍楽には先ず国歌から習うべきものだからであろう。国歌がある以上、国民は何を措いても先ず国歌を知らねばならぬと同じことである。

さて、この時が日本人に国歌というものを考えさせたはじめであろう。さて和田氏の文は上文につづいて

そこで其の練習生の一人が大山氏の処へ来てフェントン氏の意見を伝へました。其の時偶々大隊長野津鎮雄氏、上京中の鹿児島藩少参事大迫喜右衛門氏も来合はせて居られ、成る程国歌のないといふのは遺憾な事であるが、これは新に作るよりは古歌から選ぶ方がよいであらうと三氏の意見が一致し、大山氏はそれには「君が代」の歌が最も適して居るであらうと発議せられ、両氏も賛成せられたので其の旨をフェントン氏に伝へさせたといふ事であります。

とある。これが国歌という考え、又、国歌には「君が代」を用いたがよいという考えの起ったはじめである。この「君が代」を国歌としたらよいと考えたのが大山巌氏だと考えられているが、又別に明治五年に明治天皇が軍艦に召されて九州に行幸の時仏国軍艦が之を奏した

ので、その時海軍大輔であった川村純義の考であるという説（明治四十三年、京都図書館長湯浅吉郎の説）があるけれど、明治五年には川村純義は海軍少輔であって、大輔になったのは明治七年であり、又その時宮内省雅楽所で作譜したものを仏国艦隊に送ったというが、宮内省で作譜したのは明治十三年であることは上に述べた通りである。それ故この説は信ぜられぬ。

それで、その歌を撰出したのは大山巌氏であったことは動かない事と思うが、フェントンから国歌の事を聞いて、大山にその事を伝えたのが「江川与五郎と云ふ軍楽練習生で在つた」そうして「之を江川に授けて、其師事する所の英国楽長に示さした」と大山氏談話にある。然るに、その談話に対しての猪谷宗五郎氏の談話には「江川与五郎とあるが、恐らく与五郎の兄吉次郎であつたであらうと思ふ。江川は穎川と書く。穎川与五郎といへば薩藩では非常に有名で云々」と云い、縷々説いているが、その穎川吉次郎が確かだという証拠も示されていないから、第三者たる我々から見ると、どちらが正しいか判断に苦しむ。なおその上「古楽の真髄」の説によるとその薩摩藩の軍楽生は「鎌田新平の引率する」所で、大山隊長が「楽長鎌田新平を経てその作曲をフェントンに頼んだ」とある。かくの如く伝うる所が区々であり、我々はその巨細を知るに苦しむが、明治二三年頃、英国の軍楽長フェントンの勧告により大山巌が当事者となり「君が代」の歌を撰んで作曲を依頼したという骨子は動かぬ様に思う。

次にこの時「君が代」の歌を撰んだのは直ちに国歌として指定したのかどうかを顧みると、大山巌氏の談話の中にエッケルトの言として

楽長ノ曰ク、其レハ貴国ニ取リテ甚ダ欠典デ在ル、足下宜シク先輩ニ就イテ国歌トモ為ルベキ歌ヲ作製スルコトヲ依頼スベシ、然ラバ予ハ之ニ作譜シ然ル後其歌ヨリ教授ヲ始ムベシト。

としてあり、さてその歌を江川に授けたことを述べて

其時自分ガ云フニハ、英国ノ国歌 God save the king.（神ヨ我君ヲ護レ）ト云フ歌ガアル、我国ノ国歌トシテハ宜シク宝祚ノ隆昌天壌無窮ナラムコトヲ祈リ奉レル歌ヲ撰ムベキデアルト云ヒテ平素愛誦スル「君が代」ノ歌ヲ提出シタ之ヲ聞イタ野津モ大迫モ、実ニ然リト、早速同意シタカラ之ヲ江川ニ授ケテ其師事スル所ノ英国楽長ニ示サシタ。自分ノ記憶スル所ノ事実ハ右ノ通リデアル。其後如何ナル手続ヲ経テ国歌ヲ御制定ニ為リシカ其辺ノ事ハ承知シテ居ラヌ云々。

とある。これは大正元年十月九日に大山元帥副官林田芳太郎より和田信二郎にあてた覚書の

中の文である。之によって見ると、フェントンは将来「国歌トモ為ルベキ歌」として「君が代」の歌を受け取ったものであり、大山もその積りで渡したもので国歌として勝手に定めたものではなかった。それ故に大山は「其後如何なる手続を経て国歌を御制定に為りしか其辺の事は承知して居らぬ」のである。

されば、我々が国歌制定の事をばこの大山の話に基づいて、別に探求せねばならぬのである。それにしても実際上この「君が代」が国歌になったのであるから、先(ま)ずこの「君が代」の事から端緒を見出さねばならぬ。

フェントンの「君が代」の歌に加えた曲は海軍に伝わったことは既に述べた。それ故に「君が代」の歌が国歌となるに至るにはその海軍に伝わった曲が因をなすべき筋合のものである。上にもいう如く、海軍省に蔵するエッケルトが八〇年(明治十三年)十月廿五日に自記した譜の表紙には

国歌「君ケ代」楽譜

と墨書している。之は明治十三年十月二十六日付海軍省文書附属の別紙となっている。而(しか)して明治二十年十二月編纂の海軍々楽隊沿革資料には

明治二年九月（云々）凡一ケ年間、其ノ間伝習ノ楽譜ハ僅ニ英国女皇ヲ祝スルノ曲、早行進、遅行進、及国歌君カ代等ナリ。

とあるが、この時に君が代は国歌の候補ではあったが、国歌と制定せられたもので無かったことは当事者たる大山巌の言で明白である。次に同資料に

明治三年四月十七日、駒場野ニ於テ諸藩兵ノ操練ヲ　天覧シ給フニ当リ、奉祝スヘキ国歌ノ譜ナキヲ以テ、フェントン氏ヲシテ君カ代ノ曲譜ヲ編製セシメ、以テ吹奏ス。

とあるも疑惑を催す言である。この文面ではこの際フェントンに作曲せしめたように解せねばならぬが、然るときには明治二年の条に既に「君が代」の曲の事があるのと矛盾する。之は蓋し、フェントンの作曲の君が代を公式に奏したということであって、明治三年に国歌と定められたものとは思われないことは既に説いた通りである。

しかしながら、そのフェントンの作った君が代の曲が薩摩の軍楽隊から海軍に伝えられたろうということは上に推想した所である。その海軍が明治十三年十月廿五日確定の譜に「国歌君ケ代楽譜」と記しているから、この時には国歌とはっきり認めたことは明かであるといわねばならぬ。しかしながら、「君が代」を国歌とすると国家が公布したことも無く、又そ

れらの記録も無い。「君が代」の歌を国歌にしたらよかろうと選定した当事者たる大山巌氏もその制定の事を知らないのである。ここに大なる疑問がある。

海軍省記録に明治四年十一月二日の海軍天覧之記と題する記事がある。その艦隊の礼式として

老功大尉礼式ト令スルトキ帽ヲ脱シ祝声(拝奉)三回ヲ奉シ天皇ヲ迎ヒ奉(ママ)ルノ音楽ヲ奏ス

とあり、又天皇御乗艦甲板に昇らせ給う時に

楽手天皇ヲ迎ルノ楽ヲ奏ス

とあるが、国歌とも「君が代」とも無いから、何とも分らぬ。

さて又、フェントンが「君が代」につけた曲の譜というものが上真行氏の蔵にあったということで、それが発見せられた、其のフェントン真筆の譜面を見ると、その歌は「君が代は」の歌で無くして万葉集の

御民(みたみ)われ生けるしるしあり天地(あめつち)の栄ゆる時にあへらく思へば

という歌が記してあったという。而してその「御民われ」の譜の上部に Japanese National Hymn と自筆で記してある。然るときはこの歌も亦日本国歌であったといわねばならぬ。而してこういう事実を見ると、大山氏が示した「君か代は」の歌というのが真実であったか、否か、又「君が代は」の外に「御民われ」をも国歌としたかどうかという疑が生じてくる。しかも、フェントン作といわるる「君が代」の譜と上氏の発見したフェントン真筆の「御民われ」の譜とは移調せられてはあるが同一の譜なのである。これは如何なることか。大なる疑問であると共に、二者共に国歌としたものとすると国歌という観念は今日の我々の考うる所とは大分に差違があることになる。

さて、明治十年四月に文部省から海軍省にその省の楽隊の用いている「君が代は之歌ヲ以テ西洋楽譜編成」のものを請求したから海軍省から之を送ったことは既に述べた。なおその年八月二日に外務省から海軍省へ

御省楽隊ニ用ル日本国歌ノ譜各種六揃

を送ってくれと請求し、外務省が之に応じたという往復の記録が外務省にあった。之によると「日本国歌の譜」というものが「各種」と云ってかぞうるだけの数があったことになる。

そうすると日本国歌というものは海軍省も外務省も公に認めていたものであり、而（しか）してそれは「君が代」の曲だけに止まらなかったと推測せられねばならぬ。

それから、明治十一年十二月に、宮内省式部頭坊城俊政から国歌を制すべきことを建議している。それに基づいて宮内省文学御用掛近藤芳樹の手許で取調中だという十二月廿二日の宮内書記官から式部権助への返翰が雅楽課記録に在る由であるが、その後は何等の事も無かったようである。この時には

一時に数十首御下附相成候節者墨譜相撰候上におゐて自ら混乱ヲ可生モ難計

とあるのを見ると、その国歌とすべきものは一首や二首に止まったものとは思われないようである。しかし、これも成功したものでは無い。

さて明治十三年一月卅一日に海軍省軍務局長から宮内省式部頭への依頼状には

当局所轄軍楽科ニ於テ従来君ケ代之和歌ヲ楽譜ニ作リ奏楽致居候得共云々

とあって国歌とは云っていないし、二月三日の式部助から海軍軍務局長への承諾の回答も同様になっている。さて又、同年六月廿九日に式部雅楽課から海軍省へ差出した文書が雅楽課

記録にあり、その中に

兼テ御依頼有之候君が代ウミユカバ之歌撰譜相成候ニ付テハ云々

とあるのを見れば、海軍省から撰譜の依頼をしたのは「君が代」だけで無く「海行かは」の歌についてもであったことと思わるる。しかし、芝葛鎮の日記、明治十三年十月廿五日の記事には

当夏海軍省ヨリ依頼ニ相成候日本御国歌君が代墨譜撰譜相回シ置候処云々

とあるから、宮内省でも「君が代」を国歌と思うていたものと察せらるる。けれども、海軍省宮内省の当時の往復公文書の上には「君ケ代ノ曲」というだけで国歌という語は見えぬ。明治二十一年にエッケルトの「大日本礼式」――（君が代の譜）が刊行せられた。その表題にJapanische Hymne とある。之は海軍省から各条約国へ公文書で通知した時に副えたものらしい。即ち「君が代」を日本国歌として外国に公示したのであるが、その譜は君が代の曲の和声の表である。

海軍は明治の初めに「君が代」を将来国歌となるべきものとして、フェントンの作曲を用

いたが、明治十三年新にその歌曲を宮内省に依頼して作り、エッケルトに命じて之が和声を作らしめその全体を国歌と称して、公式の軍楽として用いた。宮内省は公に国歌とはいわぬが「君が代」の曲を明治十三年から公式に用いたことは既に述べた。陸軍は明治十三年のその時に海軍から通牒を受けたけれども直ちに用いることはしなかった。

陸軍では明治十六年八月八日に教導団長から陸軍卿に宛てて「新調楽譜之儀ニ付申達」という上申書を出した。その文は

今般楽譜新調即別紙之通候条扶桑ト名称国歌之一部ニ相加候依而此段申進候也

とあり、別紙にその扶桑という歌詞を載せてある。それは七五調二十八句の長歌めいたものである。それが歌曲として何程の生命を保っていたか知らぬが、ここにいう国歌というものも、海軍にいう所の国歌と同様に、幾多の曲があったようだし、又下級の官庁が自由に作ったり、加えたりし得たものと見ゆる。然るときはその国歌という観念は今日と甚しく異なっていたと考えねばなるまい。

軍楽としての「君が代」の曲は明治十八年に至って一時期を劃した。明治十八年十一月三日に陸海軍喇叭譜及びそれに附帯する目次、所用区分表等が陸軍省達として公布せられたが、その第一は「君が代」であった。即ちこの時「君が代」は陸海軍楽の第一に位すること

を法規の上に示したのである。明治二十年一月十九日に制定した陸軍礼式に於いて天皇皇后両陛下に対して喇叭「君が代」を吹奏することを明かに示したが、この時から陸海軍一同に用いたのである。

以上の事実を以て見ると、陸軍でも海軍でも国歌と云ったものは一つや二つの歌曲では無かったのであって、海軍が「君が代」を国歌と云ったのも、その多くの国歌の一として、（しかし第一のものとしたではあろうが）用いたものであったが、しかし、いつの間にか「君が代」がそれらのうちの第一と認められ、之を国歌とするという公式の布告も無くして自然の間に人々が国歌と唱え、又人々がそれを認めて来たものといわねばなるまい。然るに或人の書に

さらに（明治）十五年には太政官の布告によって国歌として制定せられ云々

とある。この布告が確かなものであるならば、之を以て国歌の制定とすべきであろうが、私はさような布告のあったことを知らぬ。之は果して実際かどうか、それを提言した人の正しい証拠を示されんことを望む。前後の国情から見てこの事は有るべくも無い事である。それ故に私は信じ得ないのである。

文部省は国歌ということに就いては明治十二年十月音楽取調掛を置く頃までは別に考えも

無かったことは明かであり、その後も「君が代」を国歌とは思っていなかったことは上にもいう如く、明治十四年十一月に編纂した小学唱歌集初編第二十三に「君が代」と題して短歌の「君が代」を首として八句の唱歌二章を掲げている。「君が代」の歌が国歌であるということが公式に定められていたら、かようのことは出来ぬ訳である。それから明治十七年二月に音楽取調掛長伊沢修二から文部卿に宛てて差出した音楽取調成績申報書には音楽が徳育に資すること多大であると云うて歌曲の名をあげてある、その曲どもは

霞か雲か、蛍の光、大和撫子、
思ひ出れば、雨霧に、忠臣、
君が代、皇御国、栄かゆく御代

であるが、いずれも小学唱歌集に掲げた曲の名であり、その「君が代」も上にいう所の二章一曲のもので今我々が唱うる国歌の「君が代」では無い。そこで考うるに、短歌の「君が代」が国歌になっていたら、先(ま)ず之を教うべき筈である。そうで無い所を見ると、その頃、文部省は「君が代」を国歌とは思っていなかったということになる。かくして文部省は別に国歌を制定しようとしたらしいことは上にも述べた通り「文部省沿革略」の明治十五年の条に

一月　音楽取調掛ニ於テ国歌撰定ニ従事ス

とあり、之に関して、音楽取調成績申報書に「明治頌撰定ノ事」と題する一章があり、先ず

明治頌ノ撰定ハ始メ国歌ノ資料ヲ撰定スルノ旨趣ニ出デタリ、其命ノ下リシハ実ニ明治十五年一月ナリ

とあって、文部省沿革略に云う所に対応している。而してその次に

抑国歌ノ事タル聖世ノ大典ニシテ其与カルトコロ至重至大ナレバ妄リニ断了スベカラザルモノナル

と云い縷々述べてある。かくしてその明治頌と云うものはその企図する国歌その物であったと思う。その明治頌の按は東京音楽学校に蔵せられてあった。それは

其一（二首）　神器　国旗

其二（二首）　禦侮　外征

其三（四首）　明治維新

とあって、頗る長篇複雑のものである。この様な複雑のものが国民一般に行わるるということは常識から考えても見込の無いことである。

以上の如く宮内省、文部省、それぞれ新に国歌を作ろうとして皆失敗してしまった。そうして結局、その生命の永く伝わり、その普及性の最も大であった「君が代」の歌が誰がきめたと無く、いつの間にか事実上国歌となってしまったということは自然の事といわねばなるまい。

明治維新の後、西洋風の音楽教育が行わるるようになったが、明治十四年八月公布の師範学校教則大綱に「唱歌ハ教授法等ノ整フヲ待テ之ヲ設クヘシ」とあって、その頃は師範学校に於いても有名無実であった。一般に小学校で唱歌を教えたのは明治二十年頃からであろうが、その頃に国歌ということは小学校には無いし、「君が代」の曲を教えるということは無かったと思う。その頃の唱歌は小学唱歌集初編、二編を用いたものであった。「君が代」の曲を学校で教えたのは奥好義氏が明治二十年頃華族女学校で教えたのを初めとすべきであろう。奥氏が華族女学校の音楽教師になったのは明治十九年四月であり、大正七年まで勤続した。この人がその学校で「君が代」の唱歌を教えていた時に或る教師が「君が代」は起立して歌わなければならないと云ったので、奥氏は不思議に思い、校長西村茂樹氏に何故に「君が代」を歌う時には起立せねばならぬかと、その理由を質したところ、校長は「君が代」は国歌で無いから起立するには及ばぬと云われたと奥氏自身が話したと和田氏の書にある。西村茂樹氏が華族女学校の校長であったのは明治二十一年七月から二十六年十一月までであるから、早くともそれは明治二十一年頃の話であったろう。されば、その頃華族女学校で「君が代」の唱歌を教えていたけれど、国歌として取扱っていたものでは無かったのである。

上にいう如く明治二十年頃から小学校で唱歌を実際に教うるようになったが、未だ国歌という考えは小学校の教育には無かった。しかし、その後間も無く、学校の儀式に用いる唱歌を制定するということが要求せられて来た。即ち明治二十四年頃祝日大祭日の唱歌決定に関する議が起り、その後慎重なる順序方法によりて得たる歌曲を審査清撰して決定した。それが公式に制定せられたのは明治二十六年八月十二日で、文部省告示第三号で、小学校儀式唱歌用歌詞並楽譜を公布せられたのである。この告示では「君が代」を第一に置いた、それには

古歌、林広守作曲

と記してある。即ち明治十三年に海軍の依頼により宮内省雅楽課で撰定した壹越調律旋の曲

を「君が代は」の古歌に加えたものである。

「君が代」の歌はその曲と共に学校の儀式に用いる唱歌の第一として尊重せらるることとなって今日に及んでいる。しかし、公式には文部省でも学校でも国歌という名目を与えたことは無いのである。而して公式にも私の場合でこの歌を国歌として用い、又国歌と信じている。私共の知っている範囲では之を公に国歌と云ったのは海軍だけである。しかし、海軍でいう国歌という意味は国の公式に用いる歌という程の意味で範囲の汎いもので「君が代」の歌一つを限っていうので無かったことは上に明かにした所である。今我々はこの「君が代」の歌一つに限って国歌といい、亦それを信じて疑う所が無い。しかも、之をこの意味で国歌としたことは誰人がいつ、如何なる手続で定めたのか誰も知らぬのである。これはこの歌が最初に「題知らず」「読人知らず」であったと同様にこれが国歌となったのも誰も知らぬ間にかくなりかく信じてしまっているのである。国歌を「君が代」と定めたのは結局明治時代の日本民族全体であり、それがいつの間にかそうなってしまったというより外にいい様の無い事である。これは個人の考えでも無く、或る団体の考えでも無い、真に日本民族の精神の結晶だといわねばならぬものであろう。

十五　総括

上来「君が代」の歌の古代から今代に至るまでの沿革を略説した。之を通じて見るに、この歌ははじめは恐らくは

我が君は千代にましませ
さされ石の巌となりて苔のむすまで

という形であったろう。それが又

我が君は千代にましませ
さされ石の巌となりて苔むすまでに

という形として伝わったのであろう。そうしてそれが、稍久しく世に行われているうちに

我が君は千代に八千代に
さされ石の巌となりて苔のむすまで

となったのであろう。この「千代に八千代に」という形の行われた時代は光孝天皇の御時

（一千五十年前）以前であったろう。そうすると最初の形はそれよりももっと古くからあったであろう。古今集に「読人知らず」とあるに照して見ると、それは某々個人の作というよりも一般民衆の間に自然に育って来たものというべく、而してそれは少くとも今から一千二百年位も前に生じたと見らるるものである。

かくしてこの歌は古今集には賀歌の筆頭に録せられ、天慶年中には和歌体十種に神妙体の第一として掲げられ、和漢朗詠集に祝歌の首にあげられ、深窓秘抄の巻軸に載せられたのはその古歌であるのとその意味のめでたさとによったものであろう。そうして平安朝の末頃になると、首句が形をかえて

君が代は千代に八千代に
　さされ石の巌となりて苔のむすまで

となったらしい。さて首句が「君が代」とあると「千代にましませ」とはいい難いから第二句は専ら「千代に八千代に」となって「ましませ」とは云い難くなり爾後この形のみとなった。

しかしてから鎌倉時代以後この形の歌が神事にも仏会にも宴席にも盛んに用いられて、上下一般の通用となり、現代まで引き続いて行われている。その間に室町時代に第二句の末の

「に」を「を」として

君が代は千代に八千代を
さされ石の巌となりて苔のむすまで

とうとうたことも少くなかった。しかしながら「八千代を」というと、下の句との調和がとれぬ。けれども、このような形が生じたのは、この歌が広汎に、知るも知らぬも口癖にして意味をも顧みずに歌う様になった為にかように訛ったものであろう。ただ第三句以下を顧みずにいえば「千代に八千代を」と云う方が「千代に八千代に」と「に」をくりかえすよりは変化があるようであり「何に何を」加えるとか重ねるとかいうべき形になる様な意識を生じ易いのでそうなったのであろう。勿論これは訛であって正しい物と弁護しうるものでは無い。さてそうなると「千代に八千代を重ねつゝ」といいたくなる。現に「うらみの介のさうし」にあるのはそれである。しかし、そうすると、第三句の「さされ石の」の在り場所がなくなる。即ちうらみの介のそうしには

君か代は千代に八千代を重ねつゝ
巌となりて苔のむすまで

となり、「君が代が巌となりて苔のむすまで」という訳もわからぬたわごとになる。しかし、こんなことでもやはり流行していたことであった。これはこの歌が汎く古く行われて来て、一々義理をとわずに用いられた故にかような形にまでなり下ったことを示すものである。

　この歌が利用せられた範囲は近世に到っては極めて汎く、物語、御伽草子、謡曲、小歌、浄瑠璃、脚本、仮名草子、浮世草子、読み本、狂歌、狂文、箏唄、長唄、碓挽歌、船歌、盆踊歌、祭礼歌、琵琶歌から乞食(こつじき)の瞽女(ごぜ)の門附にまで及び、地域よりいえば、都鄙(とひ)にわたり、薩摩、大隅の離れ島にまで及んでいる。即ち年時の上より見れば千二百年許りつづいて今日に至り、地域の上より見れば、京都、鎌倉、江戸の政権の中枢より、四国、九州の離れた孤島に及び、社会の相より見れば公家、武家、商賈(しょうこ)、農民、船頭、物貰にまで各層に行きわたっている。凡そ日本国の歌謡としてこの「君が代」の如く、遠く汎く、深く行き亙ったものは無いので、これが国歌となったのは自然の勢というべく人為の力によったものでは無いと思わるる。

　さて又その意味を顧みると、これは本来年寿を賀した歌であって、それは上下一般に通用した歌であった。それが、汎く用いらるるに及んで本来の意味を稍(やや)離れて汎く祝賀の意を表するものとなったのである。かように祝賀の意を表することとなると、めでたい席に於いて、先ずこの歌を謡うて祝する場合と、その祝賀の意を宴席の最後に表する為に謡うとの二様の姿を呈し、多くの場合「君が代」を歌うは祝賀の席の最後を飾ることになって来た。かくして後には瞽女の門附として謡いつつ物を貰い歩くに用いらるるまでに至ったのである。これはめでたい正月又は節供の時にそれを祝する精神から行われて来たのである。それ故に祝賀の歌の最も根本的のもの最もめでたいものとして千二百年間つづいて来たものである。

かくの如くであるから、その普及の点即ち上下一般に行き亙っている点から見て、又その古くしてしかも千二百年間絶えず謡われて来たという点から見て、又その祝賀の意の永遠の生命を祝いつつある点から見て日本国民の祝歌としてこれ以上のものも無く、これにかわるべきものも無く、又新にこれ以上のものを何人が作りうべきであろう。日本の国歌というものを求めてはこれ以上に出ずるものがどうして出来ようか。明治時代に国歌の必要を感じて宮内省も文部省もそれぞれ骨を折ったらしいが、二三の試みがあっても一も採用せられず、明治の始めに仮りに候補として選んだ「君が代」が誰が定むるともなく国歌となってしまったのは自然の事でもあり、当然の事でもあったといわねばなるまい。

ただ一つここに国歌としての性格の一の重要な点の存することを見のがしてはならぬ。それは何かというと、その歌が一般に普及しても、その曲譜がまちまちであっては国歌としての資格を欠いているのである。国歌となるにはその曲譜が国民全般に一致してうたわるるものでなくてはならぬのである。江戸時代に「君が代」の歌の普及したことは著しく、その行

われた範囲が極めて汎かったことは既に説いた所である。しかしながら、それらの曲は区々で統一が無かった。即ち

謡曲
小唄（隆達節、編笠節等節々によりても違う）
箏唄
長唄
各種の浄瑠璃（之にも種々の節があり、それぞれに違う）
碓歌
船歌
祭礼歌
盆踊歌
琵琶歌
瞽女の門附

等皆それぞれその曲、固有の曲節を有しているべきもので、同じ歌を謡っても、その節々によって違った曲として取扱うものであって相互に融通すべからぬ点がある。その相融通する

ことの出来ぬ点がそれらの歌や節の生命である。しかしながら、かように区々の曲節を以て異を立てていては国歌としての実を挙ぐることは出来る筈が無い。明治九年海軍軍楽長中村祐庸の楽譜改定上申書に副えた改訂見込書の第一条に「君が代」の曲譜を一定すべき標準を示している。即ち

現時我国人ノ詠謡スル声響ハ、毎地方其音節ヲ異ニスルヲ以テ、何レヲ以テ正トスベキヤヲ断定スル極メテ難シ。因テ宮中ニ於テ詠謳セラル、音節ニ協合セシムルヲ以テ改訂ノ正鵠トナスベシ。

とある。之は誠に正当適切なる意見であろう。

「君が代」の歌は上来述べたように和歌披講の例歌として古来一定してその謡い方が伝わって来たものである。しかし、上に示す如く種々雑多の歌謡に応用せられている。それらの曲の中に於いては各その処を得てはいようが、処により場合により一々曲節がちがうのでは国民が一様に謡うものとしては適当とはいわれぬ。又披講は高尚優長なもので雅正ではあろうが、明治時代に入っての近代人には一般的に適するとはいわれぬ。ここに上下一般にわたり、又近代の人に適する一定の曲譜があればよいということになるのは自然の事であろう。明治十三年十月二十五日に制定せられた曲譜は宮内省伶人の最優者であった林広守の作った

ものであり、本邦古来の固有の音階といわるる壹越調律旋による曲であるから、日本人固有の音楽感を湧かしむるに十分であり、而して之をその特性を害することなく、エッケルト氏が洋楽に編し改め、更に和声を施したものであるから洋楽にも日本楽にも適切なる楽曲として成立したものである。而してこの曲譜が純日本調たることを失わないものであることは出雲路敬和氏がその著に「壹越調律旋による君が代の曲」と標して

この「壹越調律旋」こそは純粋古楽器和琴の調絃法に則つた、わが最も代表的な、しかも外来音楽の影響を一切受けてゐない固有音階で、林広守が「君か代」の旋律を作曲するに当つて、この壹越調律旋の調子を用ゐられたことは、純粋古楽に見る日本精神を大いに国歌の上に発揚したものと言はねばならぬ。

といい更に又

なほ、「君か代」の曲は、洋楽の上ではたとひC調に編曲せられてをつても、その原曲がどこまでも壹越調律旋の特性として壹越を以て曲の旋律を起止せしめることに重きを置いて作られたものであるといふことを十分に理解して、この点に於いても和琴の調絃法に伝へられた我が古楽の真性がよく発揮せられてゐることを、深く脳裡に刻み込んで

頂きたいと思ふのである。

といわれたのでも明かであろう。伊庭孝（いばたかし）氏の日本音楽概論には「日本音楽の音律」の篇の第五章「雅楽の六調」のうち『「君が代」と「越天楽」と』という項に

雅楽の旋調の理解を容易ならしめる為めに、作例を以つて説明しやう。まづ万人周知の国歌「君が代」を例とする。是は明治になつて伶人林広守の新作したものであるから、古典的な雅楽旋法の例としては不適当だといふ非難があるかも知れないが、旋律の雄健豪壮にして純朴簡素なる事に於て、日本の国ぶりを能く発揮するものであり、雅楽としては峻厳なる美学的批判に堪ふ可きものであるので、敢て之を例に挙用する次第である。

と云っている。この言によってその曲の雄健豪壮にして純朴簡素、しかも雅楽として厳正なものであることを知るべきであろう。一千二百年前から国民の上下一般に行き亙って支持せられて来た固有の祝賀の古歌に加うるに日本固有の旋法によった雄健豪壮純朴簡素にして、しかも雅正にして東西の音楽に通じて悖（もと）らぬ曲譜を加え得たこの「君が代」の歌は真に日本の国歌としての形質を十分に備えたものというべきであろう。

茲に私は再び「君が代」の歌が国歌となったその実質に就いて言を繰り返すことにする。「君が代」の歌は古来上下一般に行き亙った古歌であるから国歌たるにふさわしい歌である。しかしながら、単にそれだけでは国歌とはなり得ない。国歌は唱うべきものである。その一定の曲譜があってはじめて国歌たる実質を備えたというべきである。而してその曲譜は一般の人々が共に唱えうべく簡明にして、しかも国民共通の想を寓するに足るべきもので無くてはならぬものである。この意味に於いて今の「君が代」に加えられた曲譜はまことに日本国歌たるにふさわしいものであり、その曲譜の制定こそは国歌一定の契機となったものである。かような一定の普通的の曲譜の加えられない限り「君が代」の歌は歌としては国民歌といわるべきものとしても唱えらるる国歌とは成り得ないのである。それ故に明治十三年は「君が代」の歌が国歌となるべき実を具備した歳であり、それより後おのずから国歌となってしまったのであるというべきであろう。

以上を以て見るに、「君が代」の歌は千二百年以上の生命を有し、音楽界のあらゆる層に通じて用いられ、土地に於いて都鄙を通じて行われ、社会に於いて上下貴賤を通じて行われて来たもので、日本の国歌としての実質と生命とを有するものはこれを唯一として認めねばならぬものである。即ちそれは日本民族唯一の民族歌ともいうべきものである。随って之が国歌となったのは既にいう如く自然であり当然である。

ただここに真に国歌としての形を整えたのは明治十三年十月廿五日の林広守の作曲とそれ

にエッケルトの加えた和声とであるということを忘れてはならぬ。若し、明治時代に故意に国歌としたものだと強弁する者があるならば、私は「然り、それは国歌としての曲調を作り加えたからである」と答えよう。それ以外に何人がこの「君が代」の歌に加えたものがあろう。「君が代」は真に日本民族のまことの自然の声である。之を否認するものはその人既に日本民族の外に出ていることを表示していると見られずにはいないであろう。

惟うに国歌としての性格は一般国民に即ち上下の階級を超越して誰にでも容易に通用せらるる普遍性と、国家の古今に通じて易らざる永久性とが具有せられていなければなるまい。而してその普遍性と永久性とは詞章の上にも曲譜の上にも存しなければならぬものであろう。今この「君が代」の歌は、詞章として形は簡素であるが、俳句の様に短かすぎはせず、又近世の端歌のように俗習が無くて品格が高くて、しかも民族的普遍性を有し、その上古今を通じて一千有余年日本民族の歌として上下に通じて用いられて来たもので、この歌を措いて国歌となりうる素質のある歌は無い。その上彼の林広守の加えた曲譜も民族固有の旋律を具現し簡素にしてしかも中外の器楽にも適し、又国民一般の唱歌として雅正にして温和、大国民たる襟度を表する洋洋の声がある。この詞章とこの曲譜と相待ちて真に日本の国歌たるの実を具備するものである。この歌は我々の祖先代々一千有余年耳馴れて来た歌である。我々が生れてからの生年が十年、二十年に過ぎぬ場合でも、体内の血や、その血にやどれる心は幾千年来の昔から伝わったものである。されば、この歌は一千有余年の昔から我々の生れぬ前から伝わり伝わって世々歌い来った歌で耳慣れているといえばこれほど耳慣れている歌は他にはあるまい。而してその曲譜も亦日本民族の古来伝え伝えて来た旋律に基づいたものである。かように詞章も曲譜も日本民族の情操の琴線を動かすべき質と力とを有するが故に、我々が之を聴くとき、言語に絶した至純の感興が油然とおのずから湧き出でて殆ど堪え難い程の感銘を享くるのである。かくの如くであるから、公式に国歌と定めて国民に強制したという事実も無く、又之を用いつつも学校などに対して国歌と唱えよと命じたことも無く、いつとなく上下一致して国歌と認めてしまったのであろう。これこそ民族の歌国民の歌というべきものである。今日以後誰あって之にかわるべき歌を作り得べきであろうか。私は断じてさようなことは出来ぬと信ずる。

主として参考に資したる書

国歌君が代講話　小田切信夫著（昭和四年八月　共益商社書店発行）
君が代と万歳　和田信二郎著（昭和七年七月　光風館書店発行）
国歌君が代の由来　小山作之助遺稿（昭和十六年六月　小山真津発行）
古楽の真髄　出雲路敬和著（昭和十八年二月　桜橘書院発行）

跋

本書の内容はすべて前掲の主著、その他多くの先著より恩恵を蒙(こうむ)りたること多大なり。又秘籍の写真を撮ることを特に許された宮内庁の高庇(こうひ)を深く謝し奉る。附録として芝先生の高見の一端を窺い得たるは読者も必ず感謝せらるべく著者として感謝すること多大なり。写真撮影の為に助力せられたる佐藤喜代治、橋本不美男の両君及び索引の作製に力を致されし前沢享君に対しても感謝する所多大なり。山田俊雄の労も亦忘るべからず。

本書は緒言にいう如く、国歌可否の論にあらずして、それの根本として顧みるべき「君が代」の歌の沿革並びにその本義本質を説くにあり。冀(こいねがわ)くは読者諸君の心を虚うし気を平かにして一往著者の言に耳を貸されんことを冀うこと切なるものなり。

昭和三十年十一月二十七日

仙台東北大学病院にて

山田孝雄

解説

鈴木健一

「君が代」は日本の国歌である。しかし、その由来や意味をきちんと理解していない人も一定数いるのではないか。たとえば、読者は「さざれ石」の意味を即答できるだろうか。恥ずかしながら、私は小学校の低学年の時、「さざえ（栄螺）石」だと勘違いしていた。ちなみに「さざれ石」は漢字を宛てると「細れ石」であり、小さな石、こまかな石を言う。それが大きな岩となり、苔が生えるように長い時間が経過するほど、いつまでも末永くあなたの寿命が続いてほしいと願う歌なのである。

国語学者の山田孝雄（よしお）氏が著した『君が代の歴史』は、この歌のありかたを古代から近代までたどったものである。資料を博捜し、それを時系列に並べて行くことで、日本の文化にとってこの歌がいかに重要な存在であったかを解き明かそうとしている。

序には執筆目的が簡単に記されている。本書が書かれた昭和三十年（一九五五）当時、

「君が代」の歌についてさまざまな議論が行われていた。山田氏は、「民主主義に反する」「元は恋の歌だ」といった説を「勝手な想像を逞くし」た「根拠の無い」ものだと考え、そのような「軽薄な言論」を苦々しく思っていた。そこで、この歌の「根本に溯り、又下りて沿革を捜」ることで「後来の参考に供」しようとしたのだと言う。跋でも、

　本書は緒言にいう如く、国歌可否の論にあらずして、それの根本として顧みるべき「君が代」の歌の沿革並びにその本義本質を説くにあり。冀くは読者諸君の心を虚うし気を平かにして一往著者の言に耳を貸されんことを冀うこと切なるものなり。

と述べて、国歌の可否そのものを論じたものではなく、「君が代」が受けとめられてきた歴史自体を追ったものであることを強調している。

　さて、昭和三十年当時になされていた「君が代」に関する議論とはどのようなものであったのだろうか。本書の背景を知る上で、少しだけ触れておきたい。この点については、田中伸尚著『日の丸・君が代の戦後史』（岩波新書、二〇〇〇年）を参考にした。

　終戦後の学校現場では、戦争を推し進めた象徴的存在であった「日の丸」や「君が代」は姿を消していた。しかし、昭和二十五年五月に第三次吉田茂内閣の文相として天野貞祐氏が就任すると、その年の十月十七日、文化の日を前にして、国民の祝日には学校で「日の丸」

を掲揚し「君が代」を斉唱することが望ましいという談話を発表し、全国の教育委員会と大学に通達する。このことは、同二十六年のサンフランシスコ講和条約の調印による日本国の主権の回復とも関わりがあるのだろう。それに対して日教組は通達への抗議と撤回を申し入れた。日教組では「君が代」に代わる新しい歌を作ることも試みられ、同年十二月に「緑の山河」に決定する。しかし、この歌は結局社会に普及しなかった。また、サントリーの前身壽屋でも「われら愛す」を新国民歌として広めようとしたが、これも成功しなかった。そうしているうちに、「君が代」は学校現場に少しずつ浸透していったが、その一方、それを拒否する動きも絶えなかった。大達茂雄（おおだちしげお）文相が、児童・生徒に対して教職員が自分の思想に基づいて「君が代」拒否を強制するのは不当な行為であるという批判をする（朝日新聞・同二十九年六月二十日）ほど、学校における強制と拒否の動きは活発化していたのである。

本書の内容に戻ることにする。書かれてある内容自体は、事実が整然と列挙され、著者の考えも随所にまとめられているので、読むのにさほど困難は伴うまい。そのなかで、読みどころと言うべき点を二つ取り上げてみたい。

第一に、「君が代」の「君」は誰を指すのかという点である。詳しい論証は本書を実際に読んでいただくこととして、おおまかに捉えておくと、ここには「君」を天皇と見るのか、それ以外の人々をも指すのかという論点が存在しており、山田氏は多くの用例を検討した上で後者を取るということが記されているのである。以下に、結論部分を引こう。

之（引用者注・「君が代」）を朝廷に用いれば天皇の万歳を賀することになるが、之を一般民衆に用いる時はその当事者の間に於いてその人の健在長寿を冀う意によって祝賀の意を表することになるであろう。之をただ天皇の万歳に用いるのみのものだとするのは原意を知らぬものというべく、そうして又これを民主主義に反した思想を表した歌だとするものも、その人の無智なることを表示するに止まると評すべきものであろう。

つまり、「君」は天皇以外も指すのだから、この歌は「民主主義」に反するものではないということなのである。

戦後の注釈書をいくつか繙いてみると、『古今集』賀歌巻頭の「我が君は」の「君」は、

・「きみ」は広く用いることばであって、天皇をさすとは限らない。（日本古典文学大系、岩波書店、佐伯梅友校注、一九五八年）

・「きみ」は、当時「主君」の意に限定されず、敬愛する相手に対して用いられている。（新潮日本古典集成、奥村恆哉校注、一九七八年）

・「君」は一般に敬愛する人を言うが、この賀部では天皇を中心とする皇統について言

う。（新日本古典文学大系、岩波書店、小島憲之・新井栄蔵校注、一九八九年）

・「君」はこの歌を贈る相手。（中略）天皇をさすとは限らない。（新編日本古典文学全集、小学館、小沢正夫・松田成穂校注・訳、一九九四年）

・「わが」は親愛の情を示し、「わが君」は帝や主君に限らない。（角川ソフィア文庫、高田祐彦訳注、二〇〇九年）

・「君」は敬愛する相手を言い、天皇に限らない。（ちくま学芸文庫、小町谷照彦訳注、二〇一〇年）

となっている。新日本古典文学大系だけは天皇を中心とする皇統とするが、あとは天皇を示すとは限らないとしており、今日の研究もおおむね山田氏の見解と合致している。

第二に、「君が代」がなぜ国歌になったのかという点である。詳しい論証はやはり本書を読んでいただくこととして、結論部分だけ引用しておこう。

今我々はこの「君が代」の歌一つに限って国歌といい、亦それを信じて疑う所が無い。しかも、之をこの意味で国歌としたことは誰人がいつ、如何なる手続で定めたのか誰も知らぬのである。これはこの歌が最初に「題知らず」「読人知らず」であったと同様にこれが国歌となったのも誰も知らぬ間にかくなりかく信じてしまっているのである。国歌を「君が代」と定めたのは結局明治時代の日本民族全体であり、それがいつの間にかそうなってしまったというより外にいい様の無い事である。これは個人の考えでも無く、或る団体の考えでも無い、真に日本民族の精神の結晶だといわねばならぬものであろう。

つまり、祝いの言葉として長い間用いられていた伝統があり、明治の陸海軍や文部省などによって国歌であるかのように扱われてはきたものの、どこかの時点で明確にそう決まったわけではないまま、そのように遇されてきたということなのである。

このことについては、平成十一年（一九九九）に「国旗及び国歌に関する法律」として法制化され、多くの議論を呼んだことも付記しておこう。

ここで、山田氏の経歴についても触れておく。教え子である東北大学名誉教授の佐藤喜代治氏の「山田孝雄伝」（日本語学、一九八三年十二月〜八四年二月）を主として参考にした。

山田氏は、明治八年（一八七五）に富山で生まれた。富山尋常中学校を中退し、以後独学した。同二十四年、十六歳の時に教員免許の資格を得た。そのために、生年を同六年としたと伝えられる。同二十五年、小学校の教壇に立つ。同二十九年、丹波篠山の鳳鳴義塾の教員となり、同三十一年、奈良県尋常中学校五条分校へ、同三十四年、高知県第一中学校へと転職していく。この頃、『日本文法論』『奈良朝文法史』『平安朝文法史』など、代表的な著作をものしている。同四十年、国語調査委員会の補助委員を嘱託された。そこでは『平家物語につきての研究』などの成果をあげた。大正九年（一九二〇）には、日本大学の講師となり、同十四年、東北帝国大学法文学部の講師として赴任する。昭和二年、五十二歳の時、教授になっている。大卒でないにもかかわらず帝国大学の教授になることはきわめて異例で、山田氏の業績がいかにすぐれていたかが推察される。ここでは詳しく触れなかったが、文法学者としての評価はきわめて高いと言ってよい。

そののち、日本は太平洋戦争へと突き進んで行くわけだが、山田氏もそれとともに国粋主義に傾斜していく。昭和八年、『国体の本義』を著して、大義名分論を唱えた。同十年、文部省に教学刷新評議会が設けられ、その委員となる。ここでは、国体に基づき、日本精神を核心として人文の発展、皇運の隆昌に尽くすという主旨の答申が出された。同十一年、日本諸学振興委員会の常任委員となる。同十二年には、教育審議会委員、教学局参与となった。同十五年には、神宮皇學館が大学に昇格したため、初代学長に就任する。同十九年には貴族院議員（勅選）となっている。同二十年、七十歳の時、終戦を迎えた直後、国史編修院長に任ぜられたが、やがて免官され、公職追放の身となる。同三十二年には文化勲章を授与された。同三十三年、八十三歳で没している。

ちなみに、『君が代の歴史』が執筆されたのは、同三十年、八十歳の時のことである。

さらに戦時中の文章として、「国語の伝統」（日本国語会編『国語の尊厳』国民評論社、昭和十八年刊）の一節を引いておく。

> 日本語が大東亜の共栄圏に滔々として拡がつてゆくことは、われわれ望ましいことだと思ふ。日本語がヒリッピンとかジャワ、ニューギニア等々に行つて、小さく縮こまつて、そして彼らの鼻息を窺つて、これでもおわかりになりませうかといふやうな態度で行くといふことでは、天皇（すめらみこと）の御稜威をばどうする積りであるか。軍人が僅か十日か一ケ月の間に、世界を震撼せしめる程の威力を発揮してをるに拘らず、文字に携つてをる人間が、卑屈きはまる態度を執つて、日本語をして、彼ら新しく附いた人民の鼻息を窺ふ道具にしようなどといふことは、実に怪しからぬ考へ方である。

「鼻息を窺ふ」とはご機嫌をうかがうという意味である。そうあってはならぬという姿勢には、やはり国粋主義に強く染まった人という印象を受ける。

以上に述べたような、山田氏の戦時中の思想が、終戦後十年を経て、『君が代の歴史』を執筆した時にどの程度生き残っているのかを判断するのはかなり難しい。「君」を天皇に限らないという解釈を強調するところは民主的とも言える。公職追放の後の書なので、戦中までの国粋主義的な立場とは一線を画したいという思いがあるのかもしれない。その一方、「日本民族」の特質を主張する口吻は戦中のものを引きずっている感じがしないでもない。戦時中の「君が代」の位置に触れなかったのも、意図的なのであろう。しかしもちろん、客観的に事実を論証しようとする研究者の目も存在している。山田氏の希望通り、「沿革並びにその本義本質を説」いたものとして「心を虚うし気を平かにして一往著者の言に耳を貸」してもよいのである。

今日でも、国歌「君が代」には政治性がまつわりついていて、ともすると好悪が先行する感情論に陥りやすい。しかし、本書が提示した数多くの歴史的事例によって、「君」は天皇のみを指すわけではないこと、古くから祝いのことばとして広く用いられてきたこと、明治時代に入って少しずつ国歌に準じる扱いが定着していったこと、などが客観的に理解される。日本列島に住む人々とその国土の未来において、それらを踏まえつつ、射程の長い文化の問題として生産的な議論がなされることを望みたい。

（和歌・漢文学、学習院大学教授）

本書の原本は、一九五六年に宝文館出版から刊行されました。学術文庫版では、原本の旧字体・旧かな遣いを新字体・新かな遣いに変えたほか、読みやすさに配慮して体裁やルビの整理・追加を行い、明らかな間違いは訂してあります。また、「附録」および「索引」は割愛し、原本では口絵として収録されていた写真は、本文中の妥当と思われる位置に挿入しました。なお、本書には現在では差別的とされる表現が含まれていますが、差別を助長する意図はないこと、また著者が故人であることを考慮して、そのままにしました。

山田孝雄（やまだ　よしお）

1875-1958年。国語学者，国文学者。独学の人として知られ，契沖，真淵，宣長以来の伝統に連なる最後の国学者と評される。東北帝国大学教授，皇學館大学学長を歴任し，貴族院議員を務める。主な著書に『国語学史要』（1935年），『日本文法学概論』（1936年），『櫻史』（1941年），『国語学史』（1943年）など。

定価はカバーに表示してあります。

君が代の歴史

山田孝雄

2019年2月7日　第1刷発行

発行者　渡瀬昌彦
発行所　株式会社講談社
東京都文京区音羽 2-12-21 〒112-8001
電話　編集（03）5395-3512
販売（03）5395-4415
業務（03）5395-3615
装　幀　蟹江征治
印　刷　株式会社廣済堂
製　本　株式会社国宝社
本文データ制作　講談社デジタル製作

2019　Printed in Japan

ISBN978-4-06-514739-9

「講談社学術文庫」の刊行に当たって

これは、学術をポケットに入れることをモットーとして生まれた文庫である。学術は少年の心を養い、成年の心を満たす。その学術がポケットにはいる形で、万人のものになることは、生涯教育をうたう現代の理想である。

こうした考え方は、学術を巨大な城のように見る世間の常識に反するかもしれない。また、一部の人たちからは、学術の権威をおとすものと非難されるかもしれない。しかし、それはいずれも学術の新しい在り方を解しないものといわざるをえない。

学術は、まず魔術への挑戦から始まった。やがて、いわゆる常識をつぎつぎに改めていった。学術の権威は、幾百年、幾千年にわたる、苦しい戦いの成果である。こうしてきずきあげられた城が、一見して近づきがたいものにうつるのは、そのためである。しかし、学術の権威を、その形の上だけで判断してはならない。その生成のあとをかえりみれば、その根は常に人々の生活の中にあった。学術が大きな力たりうるのはそのためであって、生活をはなれた学術は、どこにもない。

開かれた社会といわれる現代にとって、これはまったく自明である。生活と学術との間に、もし距離があるとすれば、何をおいてもこれを埋めねばならない。もしこの距離が形の上の迷信からきているとすれば、その迷信をうち破らねばならぬ。

学術文庫は、内外の迷信を打破し、学術のために新しい天地をひらく意図をもって生まれた。文庫という小さい形と、学術という壮大な城とが、完全に両立するためには、なおいくらかの時を必要とするであろう。しかし、学術をポケットにした社会が、人間の生活にとってより豊かな社会であることは、たしかである。そうした社会の実現のために、文庫の世界に新しいジャンルを加えることができれば幸いである。

一九七六年六月

野間省一